Carina Hashagen

Ja!

Zehn Regeln, um den Mann fürs Leben
zu finden und zu heiraten

| Hoffmann und Campe |

1. Auflage 2011
Copyright © 2011
by Hoffmann und Campe Verlag, Hamburg
www.hoca.de
Satz: atelier eilenberger, Leipzig
Gesetzt aus der Palatino LT Std
Druck und Bindung: GGP Media GmbH, Pößneck
Printed in Germany
ISBN 978-3-455-50188-9

HOFFMANN
UND CAMPE

Ein Unternehmen der
GANSKE VERLAGSGRUPPE

Liebe auf den ersten Blick
ist ungefähr so zuverlässig
wie Diagnose auf den
ersten Händedruck.

George Bernard Shaw

Inhalt

Vorwort   11

1. Das Basiswissen   13
   Die Liebe ist egoistisch   14
   Männer machen nicht glücklich   16
   Liebe und Verstand   21
   Die Liebe ist nur ein Teil des Lebens   23
   Lass ihn lieben!   26
   Verliebtheit ist keine Liebe   28
   Die Liebe ist fröhlich und sorglos   31
   Sex heißt nicht Liebe   34

2. Wecke die Königin in dir!   35
   Warum Königin?   36
   Schönheit und das gewisse Etwas   40
   Der königliche Auftritt   43
   Weiblichkeit   47
   Die gelassene Königin   50
   Die schweigsame Königin   53

3. Die ersten Dates   57
   Die Würde der Königin   58
   Das Selbstverständnis von Königinnen   65
   Das Samstagabend-Date   70
   Praxisbeispiel: Der tolle Mann   73
   Die losgelöste Königin   75
   Die Phase des Kennenlernens   85

4. Die feste Beziehung 91
   Eine Herausforderung bleiben! 92
   Königliche Beispiele 98
   Die Klugheit der Königin 102
   Er steht einfach nicht auf dich 105
   Rückschläge meistern 107
   Männer wollen gelobt werden 111
   Reden oder Schweigen? 113
   Ehe oder Bettgeschichte? 115

5. Das Daisy-Prinzip 117
   Ein unerreichbares Ideal 118
   Die Kunst der Verführung 128
   Supergirl und ihre Welt 130
   Die geschickte Charmeurin 133
   Wie verführt man einen schönen Mann? 136
   Wie zähmt man einen Frauenschwarm? 138
   So klappt's mit dem reichen Mann 143
   Lauerstellung und magische Dreiecke 145
   Die Frau mit Plan und Prinzip 150
   Verführung auf der Brücke 152

6. Der richtige Mann 155
   Das Geheimnis wahrer Liebe 156
   Sex 160
   Von sich selbst lernen 163
   Das Streben nach Höherem 165
   Entlarven Sie Ihr Beuteschema! 167
   Die Komplementaritätshypothese 171
   Das Charles-und-Camilla-Prinzip 173
   Das richtige Timing 179

7. Der Frosch ist ein Prinz *185*
    Wie sich ein Märchen bewahrheitet *186*
    Die Verwandlung *188*
    Taktiken der Verwandlung *193*
    Der Umgang mit Fröschen *196*

8. Das Dornröschen-Dilemma *201*
    Schwer vermittelbar? *202*
    Die Karriere-Falle *204*
    Dornröschens Rettung *208*

9. Gelegenheit macht Liebe *213*
    Das Gebot der großen Zahl *214*

10. Erklimme den Altar! *225*
    Warum heiraten? *226*

    Zehn Regeln für die Suche
    nach Mr. Right *237*

Vorwort

Einen universellen Weg zum Liebesglück, der uns bei der Suche nach dem richtigen Partner leiten könnte, gibt es nicht. Auch ein Ratgeber wie dieser wird ihn nicht finden können, weil jeder Liebe etwas Individuelles und Einzigartiges innewohnt. Und dennoch wirken in der Liebe auch differenzierte Regeln und Vorgaben. So unromantisch es ist: Auf dem Heiratsmarkt gilt das Prinzip von Angebot und Nachfrage. Von ihrer grundsätzlichen Natur her sind Beziehungen ein egoistisches Geschäft. Man bietet etwas, man bekommt etwas, und wer keine Kompromisse eingeht, kommt nicht zum Abschluss. Gäbe es sonst so viele attraktive, intelligente Single-Frauen im besten Alter? Jede von ihnen ein Dornröschen erster Güteklasse. In den Großstädten wimmelt es geradezu von ihnen: tolle Frauen, die mehr oder weniger ungeküsst von einer Kurzzeit-Beziehung in die nächste stolpern. Dabei wissen wir insgeheim doch alle: Es gibt sie nicht, die Eier legende Wollmilchsau der Gattung Mann. Das Komplettpaket aus Spiel, Spaß und Spannung – es existiert nur in der Welt der Überraschungseier. Keine Frage, Single zu sein ist heute nichts Schlimmes mehr – es ist vielmehr alltäglich. Studien zeigen sogar, dass der Glückslevel von Singles sich dem der Verheirateten langsam annähert. Und doch: Der richtige Partner an der Seite ist und bleibt ein wichtiger Bestandteil des weiblichen Plans vom Glück. Umso trauriger, dass es oft erscheint wie ein Glücksspiel, ob wir Frauen den Mann fürs Leben finden.

Warum überlassen wir unser Liebesglück dem Zufall?

Dieses Buch ist für alle Frauen geschrieben, die ein eigenständiges Leben führen und trotzdem den Traum von

Familie und Kindern träumen. Und es ist für alle, die endlich Nägel mit Köpfen machen wollen – und das mit dem Richtigen. »Wissen ist Macht«, sagt ein Sprichwort. Und das gilt auch in der Liebe. So individuell jede Liebesgeschichte sein mag, bei der Suche nach dem Richtigen gibt es Gesetzmäßigkeiten, die wir uns bewusst machen können. Dieser Ratgeber fasst das verfügbare Wissen zusammen. Er bringt in zehn Regeln auf den Punkt, worum es wirklich geht: Was muss Frau wissen, um den Mann fürs Leben zu finden?

 # Das Basiswissen

Ach, die Liebe. Ein wohliger Schauer überkommt uns, unsere Knie werden weich – da steht er vor uns, der Mann unserer Träume, unser Märchenprinz. Endlich wird doch noch alles gut, wir haben ja so lange auf ihn warten müssen.

Ein wirklich schöner Traum. Nur leider ist die Existenz des Märchenprinzen in erster Linie eins, ein Märchen. Maximal die Prinzessinnen bei den Brüdern Grimm dürfen sich auf die Ankunft des holden Retters freuen. Für das wahre Leben gilt: »There's no such thing as a free lunch«, wie die Ökonomen sagen. Um sein Glück in der Liebe zu finden, ist es sehr hilfreich, sich zuerst einmal die Realität zu vergegenwärtigen – und damit das ernüchternde Fazit der Evolutionsbiologie, die uns Menschen allein zum Zweck ihrer Vermehrung auf der Welt sieht und keineswegs, um als Märchenprinz und -prinzessin glücklich zu werden.

Das Glück in der Liebe wird uns also nicht in den Schoß gelegt – aber es gibt Regeln, die dabei helfen können, es sich zu erobern.

Regel Nummer eins

Wer die Liebe vom Ballast ihrer romantischen Verklärungen befreit, ist auf dem besten Weg ins Glück.

Die Liebe ist egoistisch

Wenn wir Glück haben, gibt es in unserem Leben zwei Menschen, die ohne Wenn und Aber immer zu uns stehen. Und das sind unsere Eltern. Die Liebe eines Mannes hingegen wird uns niemals bedingungslos geschenkt. So unromantisch es auch ist, die Liebe ist egoistisch.

In der Forschung wird von Beziehungsverträgen gesprochen, die zwischen Mann und Frau eingegangen werden. Manche Sozialpsychologen bezeichnen die Wahl des Lebenspartners sogar als ein Tauschgeschäft. In diesem Sinne versuchen die Menschen den Nutzen, den sie aus einer Beziehung ziehen, zu maximieren. Die Fülle der Ressourcen, über die ein Mensch verfügt (Attraktivität, sozialer Status, erwünschte Persönlichkeitsmerkmale usw.), entscheidet über seinen Marktwert und damit seine Wahlmöglichkeiten. Man vermutet, dass meist Personen mit ähnlichem Marktwert eine Beziehung eingehen, wobei unterschiedliche Ressourcen getauscht werden können. So sucht sich zum Beispiel ein älterer, vermögender Mann eine schöne, junge Frau. Er bietet ihr finanzielle Sicherheit, sie wirft ihre Jugend und Schönheit in die Waagschale.

Diese Austauschtheorie ist angesichts ihres ökonomischen Zuges sicherlich hinterfragbar. Und wahre Liebe ist natürlich weit mehr als der Austausch von Ressourcen. Eins steht jedoch fest: Ein Mann will mit Ihnen zusammen sein, weil er sich für sich selbst etwas erhofft. Sie sind das Puzzleteil, das ihm zu seinem Glück noch fehlt. Durch Sie sieht er sich selbst in einem schönen, schmeichelhaften Licht gespiegelt. In Ihnen findet er Selbstbestätigung. Irgendetwas haben Sie an sich, wonach er strebt, was er sich wünscht oder woran er selbst einen Mangel leidet.

Dabei kann es sich um Ihre Jugend und Schönheit handeln, um Ihr gutes Elternhaus, Ihre Klugheit oder Ihren Stil. In der Regel ist es ein Bündel von Eigenschaften, das uns in den Augen eines Mannes zur geeigneten Partnerin macht. Jeder Mann hat seinen ganz persönlichen Anforderungskatalog. Erfüllen wir seine Kriterien, haben wir gute Chancen bei ihm, fehlt uns etwas Wichtiges, wird er sich eine andere Partnerin suchen.

Die Wünsche der Männer kümmern uns Frauen aber erst mal wenig. Denn wir sind mit eigenen Wünschen beschäftigt. Und davon hat die moderne Großstadt-Frau eine ganze Menge. Auf Kompromisse haben wir wenig Lust, Single zu sein ist schließlich kein Stigma mehr, wie noch zu Zeiten unserer Mütter. Die Auswahl auf dem Partnermarkt erscheint unendlich groß, die Zahl der Flirt- und Partnerbörsen ist kaum zu überblicken. Beflügelt von unseren Möglichkeiten, stellen wir an unseren Traummann eine lange Liste von Anforderungen. Gut muss er aussehen, gebildet und humorvoll sollte er sein, ein komfortables Einkommen wäre schön, und eine starke Schulter zum Anlehnen muss schon auch drin sein. Um nicht zu vergessen: Er sollte jemand ganz Besonderes sein – denn erst neben jemand ganz Besonderem fühlen wir uns selbst besonders.

Es ist Zeit, mit dem Träumen aufzuhören. Realitätssinn ist das Gebot der Stunde. Denken Sie daran: Zu einer Beziehung gehören immer zwei. Wenn Sie eines Tages vor dem Altar stehen wollen, müssen Sie einen Realitätscheck vornehmen, und das nicht nur in Bezug auf die Männerwelt, sondern auch auf sich selbst. Was macht Sie eigentlich zur geeigneten Heiratskandidatin? Was sind Ihre Vorzüge, für welchen Typ Mann sind Sie die geeignete Ergänzung? Haben Sie Ihrem Traummann eigentlich genau das zu bieten, was er sich von seiner Traumfrau erhofft?

Männer machen nicht glücklich

Die Liebe kann das Leben einer Frau in vielerlei Hinsicht bereichern. Glücklich und zufrieden wird allein diese Liebe jedoch nicht machen. Glück und Zufriedenheit sind Zustände, die wir nur durch uns selbst erreichen können. Ganz egal welchen Mann Sie wählen, der Dreh- und Angelpunkt Ihres Lebens bleiben Sie selbst.

Selbstliebe ist die Grundvoraussetzung dafür, von irgendeinem anderen Menschen geliebt zu werden. Für einen Traummann wird attraktiv sein, wer mit seinem eigenen Leben zufrieden und mit sich selbst im Reinen ist. Glücklich zu sein ist nämlich unglaublich sexy!

Wie bitte, wir sollen glücklich sein, bevor wir unsere bessere Hälfte finden? Ist es nicht die große Liebe, die das erledigen soll? Leider nur ein naiver Wunsch aus dem Reich der Jungmädchenträume.

Kein Mann auf der Welt wird sich verlieben, wenn er merkt, dass von ihm erwartet wird, für das Glück seiner Partnerin verantwortlich zu sein. Schließlich ist auch er auf der Suche nach seinem Glück. Männer wollen in erster Linie beglückt werden – nicht glücklich machen!

Sobald ein Mann spürt, dass wir einen Retter in ihm sehen, den Erlöser von allen Problemen, verringert sich augenblicklich sein Interesse. Ein Mann sucht keine Frau, für die er die Lösung ist. Er selbst sucht eine Lösung. Nämlich eine Herausforderung und eine Bereicherung für sein Leben.

Besonders bei Frauen um die Dreißig ist eine generelle Unzufriedenheit verbreitet (»Alle sind verheiratet und haben Kinder, nur ich nicht«), die nicht selten in Torschlusspanik mündet. Diese muss nicht laut und offensichtlich zutage treten. Oft sind es winzige Kommentare oder Gesten einer Frau, die sie verraten. Auf so eine Frau reagiert ein Mann vor allem deswegen allergisch, weil er das Gefühl hat, dass es ihr gar nicht so sehr um ihn geht. Sie ist einfach auf der Suche nach einem geeigneten Heiratskandidaten. Er als Mann passt in ihr Schema, ist aber im Grunde austauschbar.

Ein Mann will keine Frau, für die er nur einer von mehreren möglichen Kandidaten ist. Er will eine Frau, für die er der einzig richtige Kandidat ist. So eine Frau gibt sich nicht mit irgendjemandem zufrieden. Sie kann es sich leisten, jemanden Besonderen zu wählen.

Aus der Glücksforschung wissen wir, dass Gefühle des Glücks durch den Flow entstehen. Mit Flow lassen sich innerlich motivierte Tätigkeiten beschreiben, Zustände der völligen Konzentration auf eine Beschäftigung, in der wir ganz mit unseren Gedanken aufgehen. Besondere Glücksgefühle können demnach allen zuteil werden, die einem erfüllenden Beruf oder Hobby nachgehen dürfen.

Etwa die Hälfte unseres Glücksempfindens ist genetisch bestimmt und daher nicht willentlich steuerbar. Die andere Hälfte haben wir aber selbst in der Hand. Damit steht fest, wir können uns unser Glück erarbeiten. Glück ist keine Frage des Schicksals! Vor allem die Vertreter der Positiven Psychologie sind sich sicher: Wer sich selbst kennt und seine Stärken zur Geltung bringt, ist glücklicher. Untersuchungen zeigen, dass uns erst die Verwirklichung unseres inneren Potenzials nachhaltig zufrieden macht.

Wer einem Beruf nachgeht, der Freude macht, oder andere erfüllende Ziele verfolgt, verwirklicht seine Träume – und ist dadurch nicht nur glücklicher, sondern auch attraktiver. Den Wunsch, irgendwann zu heiraten, können Sie dabei stets im Hinterkopf behalten. Aber es ist kein

Wunsch, der sich offensiv vorantreiben ließe. Frauen werden nämlich geheiratet! Ihre erste Aufgabe ist es also, zu einer Frau zu werden, die ein Mann heiraten möchte. Und so eine Frau wartet nicht darauf, geheiratet zu werden. Sie hat Besseres zu tun.

Ihr potenzieller Mann fürs Leben will und kann kein Problemlöser für Sie sein. Genauso falsch ist es, sich von ihm Erlösung von Ihren Schwächen zu erhoffen. Als Frau mit geringem Selbstbewusstsein suchen Sie sich vielleicht einen besonders dominanten Kerl aus, um dies zu kompensieren. Oder Sie fühlen sich materiell bedürftig und ein vermögender Ehemann soll Ihnen helfen, ein sorgenfreies Leben zu führen.

Sich auf einen Mann zu verlassen, bringt im ersten Fall emotionale und im zweiten Fall materielle Abhängigkeit mit sich. Im ersten Fall werden Sie sich weiterhin klein und schwach fühlen. Nämlich immer dann, wenn Ihr Mann gerade nicht neben Ihnen steht oder wenn er anfängt, Sie schlecht zu behandeln. Im zweiten Fall werden Sie vielleicht in einem tollen Haus wohnen und in den teuersten Boutiquen einkaufen gehen. Das tolle Haus wird Ihnen aber nur begrenzt Freude bereiten, wenn Sie wissen, dass es nicht auf Ihren Namen läuft. Und auch die Frage nach der Kreditkarte Ihres Liebsten dürfte eher unangenehm sein. Ob die schicken Klamotten das wert sind?

Schwächen auf einen starken Partner zu delegieren bedeutet keine echte Erlösung. Ein Partner kann uns durchaus dabei helfen, unsere Schwachstellen zu bearbeiten. Sich dabei in seine Abhängigkeit zu begeben, wird jedoch eher unglücklich machen. Glück entsteht nämlich dann, wenn wir das Gefühl haben, unser Leben selbst der Hand zu haben. Nur dann können wir als freie, selbstbestimmte Menschen durchs Leben gehen und unsere Stärken ausbauen. Glücksgefühle werden uns zuteil, wenn wir in der Lage sind, unsere Schwächen zu bearbeiten und zu überwinden. Der Philosoph Friedrich Nietzsche stellte in seinem »Antichrist« fest: »Was ist Glück? – Das Gefühl davon, dass die Macht wächst, dass ein Widerstand überwunden wird.«

Ich garantiere Ihnen: Es wird Sie viel glücklicher machen, nach bestandener Führerscheinprüfung in Ihrem eigenen kleinen Cabrio durch die Straßen zu düsen, als darauf angewiesen zu sein, im BMW Ihres Freundes mitzufahren. Und es wird Sie viel glücklicher machen, eine Wohnung nach Ihrem eigenen Geschmack schön und gemütlich einzurichten statt in die sterile Penthouse-Wohnung Ihres Freundes mit einzuziehen.

Grundsätzlich hat Ihre Beziehung dann die höchsten Erfolgschancen, wenn Sie als Person auf eigenen Beinen stehen. Und das ist vor allem für ältere Frauen, die ihren Traummann suchen, eine hoffnungsvolle Erkenntnis. Es geht Männern bei der Wahl ihrer Herzdame nicht in erster Linie um die Jugend. Es gibt keine Altersgrenze dafür, geheiratet zu werden! Frauen um die zwanzig mögen sexy sein. Aber die Älteren sind viel spannender. Und das ist es, was Männer wirklich wollen: eine spannende Frau.

Wenn eine Frau ihren Platz im Leben gefunden hat, wenn sie Zufriedenheit mit sich selbst ausstrahlt, dann macht sie das spannend. Und für Männer ausgesprochen attraktiv. So eine Frau sucht keinen Retter mehr. Sie strebt nicht mehr danach, irgendjemandem zu gefallen. Sie hat erkannt, dass es absolut ausreicht, wenn sie sich selbst gefällt.

Das Ganze klingt nach einer sehr simplen Erfolgsformel. In der Realität stellt sich diese Erkenntnis jedoch oft erst ein, wenn Frauen die dreißig überschritten haben. Lebenserfahrung ist also eine nicht zu unterschätzende Waffe im Spiel der Liebe. Spannend zu sein macht sexy, egal in welchem Lebensalter.

Das schönste Glück in der Liebe erleben wir, wenn wir unseren Partner nicht zum Überleben brauchen. Der Ballast der delegierten Schwächen, der Druck der überzogenen Erwartungen – all das fällt dann von der Liebe ab. Wir können unseren Partner einfach dafür lieben, dass es schön ist, mit ihm zusammen zu sein. Wir können ihn und seine Vorzüge genießen, ohne von ihnen abhängig zu sein. Grundsätzlich dürfte dies wohl die angenehmste Form der Liebe zwischen Mann und Frau sein.

Liebe und Verstand

Es ist erstaunlich festzustellen, wie viel Verstand Männer bei der Wahl ihrer Ehefrauen einsetzen. Gemeint sind hier Männer um die dreißig und aufwärts, die ihre Flegeljahre längst hinter sich gelassen haben und sich nun auf dem Markt für potenzielle Lebensgefährtinnen umschauen. Männer in diesem Alter wissen meistens sehr genau, welche Frau für sie in Frage kommt und welche nicht. Sie haben konkrete Vorstellungen von ihrer Zukunft und einen festen Anforderungskatalog an ihre Partnerin. Die Wahl der Ehefrau hat dann oft weniger mit romantischen Gefühlen zu tun, dafür aber sehr viel mit rationalen Erwägungen. Passt diese Frau in mein Leben? Passt ihr sozialer Background zu mir? Hat sie eine ordentliche Berufsausbildung und kann sie sich im Notfall selbst versorgen? Ist sie ein zuverlässiger, treuer Typ, der mich nicht betrügt? Fragen, die sich jeder Mann stellt, bevor er über eine Hochzeit nachdenkt.

Natürlich heiratet ein Mann nur eine Frau, die er auch attraktiv und liebenswert findet. Erstaunlich ist es aber, wenn ein Mann, der sein ganzes Leben hinter feurigen Sirenen her war, am Ende des Tages eine liebe, treu sorgende Ehefrau präsentiert. Eine Frau, bei der außer den dunklen Haaren nicht mehr viel seines alten Beuteschemas zu finden ist. Ganz klar, diese Frau hat andere Eigenschaften, die in seinem Anforderungskatalog an eine gute Ehefrau vorkommen, sie ist zum Beispiel klug und kinderlieb.

Je abgeklärter und reifer ein Mann ist, desto mehr Gewicht hat die Frage »Passt es?« im Vergleich zu »Funkt es?«.

Und wie halten es Frauen, wenn sie ihr Herz an einen

Mann vergeben? Schalten auch sie ihren Verstand ein oder verlassen sie sich – typisch Frau – ganz auf ihre weibliche Intuition? »Liebe auf den ersten Blick ist ungefähr so zuverlässig wie eine Diagnose auf den ersten Händedruck«, besagt ein Zitat von George Bernard Shaw.

Leider lassen sich Frauen in Liebesdingen viel häufiger als Männer von ihren Gefühlen davontragen. Frauen denken mit ihren Gefühlen, und ihr Handeln ist wesentlich stärker von Emotionen geleitet als das der Männer. Diese wissenschaftliche Realität hat ihren Ursprung in der unterschiedlichen Gehirnstruktur von Mann und Frau. Und im Grunde ist es ja auch gut so. Schließlich unterscheiden wir uns durch unsere Emotionalität von den Männern, Emotionalität steht für Weiblichkeit. Dennoch gilt: Wer sich bei der Suche nach Mr. Right zu sehr von seinen Gefühlen leiten lässt, begibt sich in eine Position der Schwäche.

Versuchen Sie einen kühlen Kopf zu behalten. Nehmen Sie sich ein Beispiel an den Männern und schalten Sie in Liebesdingen nicht nur Ihr Gefühl, sondern auch Ihre Ratio ein. Frauen in glücklichen Ehen haben bei der Partnerwahl ihren Verstand eingesetzt!

Die Liebe ist nur ein Teil des Lebens

Die Liebe hat im Leben eines Mannes einen anderen Stellenwert als im Leben einer Frau. Natürlich suchen auch Männer nach ihrer großen Liebe und sind froh, wenn sie diese endlich gefunden haben. Aber Männer setzen in ihrem Leben andere, wichtige Schwerpunkte, die im Vergleich zur Liebe zum Teil höherwertig sind.

Männer sind in ihrem Fühlen und Handeln weniger auf andere Menschen fokussiert als Frauen. Männer denken und handeln in einer Art und Weise, die zeigt, dass sie selbst als Person an erster Stelle stehen. Diese Selbstbezogenheit erlaubt es dem Mann, im Beruf und im Leben mit Entschlossenheit und Selbstbewusstsein zu agieren. Männer definieren sich weniger als Frauen über ihre Beziehungen, sie ziehen ihr Selbstbewusstsein stattdessen eher aus Beruf oder Sport. Ihre Identität ist wesentlich stärker bestimmt durch Leistung und Fakten – ein Mann sieht sich selbst in erster Linie als Macher. Der amerikanische Autor Sam Keen formuliert sehr nüchtern: »Die Säulen der männlichen Identität sind Kampf, Arbeit und Sex.« Soziales Prestige und Erfolg im Beruf sind daher für einen Mann ungemein wichtig.

Auch heute, im Zeitalter der Emanzipation, ist der Erfolg im Beruf das A und O für das Selbstbewusstsein eines Mannes. Aber nicht unbedingt für das einer Frau. Eine Frau kann auch dann eine tolle Frau sein, wenn sie »nur« Kosmetikerin oder Sekretärin ist. Ihr Ego leidet nicht unbedingt, weil sie keine großen beruflichen Erfolge vorzuweisen hat. Ein Mann hingegen muss eine bestimmte Stellung innehaben, wenn er etwas gelten will. Und das betrifft auch seinen Wert auf dem Partnermarkt. Erfolg macht Männer sexy. Frauen hingegen punkten nicht durch ihren beruflichen Status oder ihre Intelligenz, sondern durch ihre Attraktivität. Schon deshalb unterscheidet sich ganz erheblich, was Männer und Frauen beschäftigt und bewegt. Ein Single-Mann mittleren Alters kann beispielsweise zwei Schwerpunkte haben, um die seine täglichen Gedanken kreisen. An erster Stelle steht sein Fortkommen im Job, dann kommt Sport. Vielleicht hatte er vor kurzem ein romantisches Date mit einer tollen Frau? Eher unwahrscheinlich, dass er dieses bis ins Detail mit seinem besten Kumpel diskutieren wird. Frauen sind da ganz anders. Frauen erleben sich in erster Linie in ihren Beziehungen zu anderen Menschen. Selbst unwichtige Dates können zur Grundlage stundenlanger Telefonate werden, in denen bemühte Freundinnen mit mehr oder weniger wertvollen Analysen und Prognosen zur Seite stehen.

Nicht selten wird für Frauen die Liebe zum absoluten Mittelpunkt ihres Lebenskonzepts. Daher überrascht auch nicht das Ergebnis einer Studie der Universität Texas aus dem Jahr 2008, die zu dem Schluss kommt, dass Frauen unter dem Ende einer Beziehung im Durchschnitt stärker leiden als Männer.

Eine deutsche Umfrage weist in die gleiche Richtung: Von einer Beziehung nahtlos in die nächste zu wechseln, ist für rund vierzig Prozent der befragten Männer kein Problem. Bei den Frauen sind es hingegen nur zwanzig Prozent, die sich nach einer Beziehung gleich in eine neue Liebe stürzen.

Nicht selten trifft man Männer, über deren Verständnis von Liebe man nur den Kopf schütteln kann. Fragt man sie, wer ihre große Liebe ist, antworten sie ganz zweifellos, das sei natürlich ihre Ehefrau. Schließlich braucht jeder Mann einen sicheren Hafen und die Wärme einer liebenden Frau. Aber wer sagt denn, dass Mann sich nicht trotzdem umschauen darf? Manche Männer sprechen ohne mit der Wimper zu zucken von ihrer Frau als der Liebe ihres Lebens und unterhalten trotzdem munter nebenbei die eine oder andere Affäre. Ist das die »große Liebe«?

Natürlich soll hier keineswegs behauptet werden, dass alle Ehemänner untreu werden. Und auch nicht, dass Frauen per se Unschuldslämmer sind. Eins macht das Beispiel aber deutlich: Für viele Männer ist die große Liebe gar nichts so Großes. Zweifellos sind auch sie froh, wenn sie ihre Herzdame gefunden haben. Aber sie wissen sich auch in Zeiten ohne Partnerin ganz wunderbar zu beschäftigen. Männer richten nicht ihre ganze Lebensenergie auf die Liebe aus.

Denken Sie an die Weisheit des Konfuzius: »Wer sich mehr auf sich selbst und wenig auf andere verlässt (hier: Mr. Right), wird Kummer von sich abwenden können.« Nehmen Sie sich ein Beispiel an den Männern und lassen Sie Ihr Leben um mehr kreisen als die Liebe.

Lass ihn lieben!

In einer Beziehung gibt es immer einen, der etwas mehr, und einen, der etwas weniger liebt. Der Idealzustand wäre natürlich, dass beide Partner dauerhaft und gleichermaßen ganz verliebt ineinander sind. Aber dieses Gleichgewicht gibt es in der Liebe nicht. Tatsächlich sind Beziehungen durch ein permanentes Spannungsverhältnis von Annäherung und Rückzug bestimmt. Während der eine Partner Nähe sucht, wünscht der andere sich etwas mehr Distanz. So subtil die Unterschiede in den Gefühlen sich auch zeigen, sie sind immer vorhanden. Dabei können sich die Verhältnisse jederzeit umkehren – mal ist es die Frau, mal der Mann, der ein wenig mehr liebt. Das Interessante ist: Der Partner, der gerade weniger liebt, dem also gerade weniger am Fortbestand der Beziehung liegt, übt auf den anderen eine umso größere Anziehungskraft aus.

Daraus lässt sich ableiten: Um einen Mann langfristig für sich zu gewinnen, sollten Sie ihm immer wieder den Part des stärkeren Liebens überlassen.

Fragt man einen gesunden Mann, der mitten im Leben steht, ob er es als genussvoller empfindet, geliebt zu werden oder selbst zu lieben, wird er vermutlich sagen, dass es ein viel größerer Genuss ist, selbst zu lieben. Bertolt Brecht hat diese Sichtweise sehr treffend beschrieben: »Liebe ist der Wunsch, etwas zu geben, nicht zu erhalten.«

Von Natur aus ist es die Aufgabe des Mannes, zu jagen und zu sammeln. Evolutionär betrachtet ist es folglich seine Bestimmung, die Frau zu umwerben, um schlussendlich ihre Gunst zu erlangen. Das heißt, er muss aktiv werden, um erfolgreich zu sein. Auch wenn wir Frauen heute in Liebesdingen gerne selbst die Initiative ergreifen – überlassen Sie Ihrem Mr. Right immer wieder den Part des aktiven Liebens und Werbens!

Haben Sie sich auch schon mal gefragt, warum ständig Männer hinter Ihnen her sind, von denen Sie eigentlich gar nichts wollen? Die Erklärung ist sehr simpel: Im Umgang mit aufdringlichen Verehrern machen Sie einfach alles richtig. Sie sind zwar freundlich und charmant. Gleichzeitig reagieren Sie emotional aber völlig unbeeindruckt. Und genau diese charmante Gleichgültigkeit ist es, die den Jagdtrieb Ihrer Verehrer anstachelt. Sie macht aus Ihnen eine höchst attraktive Beute!

Genauso sollten Sie sich verhalten, wenn Sie einen potenziellen Mann fürs Leben kennenlernen: Bewahren Sie eine emotional nüchternere Position als der Mann, entspannen Sie sich und lassen Sie sich umwerben.

Diese Einstellung verschafft Ihnen eine Position der Überlegenheit. Sie haben den Mann nun in der Hand und nicht er Sie. Da Ihnen augenscheinlich ein bisschen weniger an der Beziehung liegt als ihm, üben Sie eine starke Anziehungskraft auf ihn aus. Auf diese Weise können Sie einen Mann dazu verführen, sich in Sie zu verlieben, statt sich – typisch weiblich – seinen Verführungskünsten hinzugeben. Wenn Sie das tun, merkt er nämlich, dass er Sie in der Hand hat. Und die Sache verliert schnell an Reiz und Spannung.

Dieses Verhalten entspricht sicher nicht dem Klischee einer liebenden Frau. Aber es lohnt sich, dieses Konzept anzuwenden. Schließlich wollen Sie von Ihrem Traummann geheiratet werden. Er soll aktiv werden und um Ihre Hand anhalten. Und das wird er nur tun, wenn er verrückt nach Ihnen ist – und nicht, weil Sie verrückt nach ihm sind.

Verliebtheit ist keine Liebe

Von dem griechischen Philosophen Platon (427 v. Chr.) stammt das Zitat »Die Liebe ist eine schwere Geisteskrankheit«. Es ist erstaunlich, wie richtig Platon damals lag, wenn wir seine Behauptung am Wissensstand der heutigen Forschung messen. Verliebtheit lässt sich tatsächlich mit einer Geisteskrankheit vergleichen, nämlich mit einer Form der Zwangsneurose. Wenn wir verliebt sind, kreisen unsere Gedanken ständig um das Objekt unserer Leidenschaft. Die angebetete Person ist Zentrum unserer Phantasie und Sehnsucht. Unser Gemütszustand schwankt zwischen Euphorie und Depression. Ein Wiedersehen mit der Person wird als großer Genuss empfunden, ihr Fehlen macht uns zu Tode betrübt.

Bislang ist noch nicht bis ins kleinste Detail erforscht worden, welche Hormone und Gehirnregionen beim rauschhaften Zustand verliebter Menschen eine Rolle spielen. Eins steht jedoch fest: Bei Verliebten wird ein ganzes Feuerwerk von Hormonen gezündet. Der euphorisch stimmende Botenstoff Dopamin steigt an und fegt Stress und schlechte Laune weg. Gleichzeitig belegen Bluttests bei verliebten Menschen einen gegenüber dem Normalzustand stark verringerten Serotoninspiegel. Auslöser ist das Phenylethylamin (PEA). Dieses »Verliebtheitshormon« ist als Grundgerüst in vielen halluzinogenen Drogen enthalten. In der richtigen Konzentration macht Serotonin uns ausgeglichen. Im Blut von Verliebten sinkt der Serotoninspiegel jedoch auf ein ähnlich niedriges Niveau wie bei Menschen mit Zwangserkrankungen! Psychiater machen dafür vor allem Angst verantwortlich. Die Angst vor dem Neuen, Unbekannten und davor, vielleicht verletzt zu werden. Verliebt zu sein ist für den Körper also der reinste Stress.

Wir reden hier von der Phase der Verliebtheit. Nach wissenschaftlichen Erkenntnissen dauert diese Phase in einer Beziehung maximal achtzehn bis vierundzwanzig Monate an. Danach lässt der Liebesrausch nach bzw. pendelt sich auf niedrigem Niveau ein. Fest steht: Die Phase der Verliebtheit ist ein ganz spezieller Gemütszustand. Eine Phase überschwänglicher Gefühle und Euphorie. Aber leider auch ein zeitlich begrenztes Vergnügen. Glaubt man der Wissenschaft, lässt sich der Liebesrausch zwischen Mann und Frau nicht einmal lange genug konservieren, um gemeinsam ein Kleinkind aufzuziehen.

Verliebtheit darf dabei nicht mit Liebe verwechselt werden. Wenn wir in einen Mann verliebt sind, erscheint er uns in dem Licht, in dem wir ihn sehen wollen. Er wird zur Projektionsfläche unserer Bedürfnisse, und wir hoffen, dass er sie auch erfüllen kann. Verliebtheit hat etwas Oberflächliches an sich. Wir verlieben uns in die äußere Erscheinung eines Mannes, in sein Aussehen, seinen Stil, seine Art, mit uns zu sprechen. Der Psychoanalytiker Sigmund Freud nannte die Verliebtheit gar eine »illusionäre Verkennung des Objekts«. Die Person, in die wir verliebt sind, wird nicht als ganze Person wahrgenommen. Wir setzen unsere Hoffnungen auf sie, ohne einen Blick hinter die Kulissen geworfen zu haben.

Vor allem wenn wir jung sind, neigen wir dazu, das Hochgefühl der Verliebtheit mit Liebe zu verwechseln. Und besonders leicht passiert das, wenn unser Traummann unsere Zuneigung nicht im gleichen Maße erwidert. Stattdessen macht er sich vielleicht rar oder gibt sich abweisend. Dann mischt sich zur Verliebtheit der Hauch des Dramas. Die Verwirrung über die Zurückweisung und unsere gekränkte Eitelkeit suggerieren uns, dass es sich bei diesem Mann um jemanden ganz Besonderen handeln muss – vielleicht um unsere große Liebe? Wie sonst könnte dieser Kerl derartige Gefühle in uns auslösen?

Es ist erwiesen, dass der Mensch Leidenschaft und auch das damit verbundene Leiden als sinnstiftend empfinden kann. Das Leiden kann genauso wie die Hingabe an eine Aufgabe Gefühle des Glücks vermitteln. Es kann dem Leben einen Sinn geben und uns aus unserer monotonen Alltagsroutine reißen.

Große Gefühle sind in unserem Alltag so selten, dass wir sie, wenn wir sie erleben, als gewaltig empfinden. Wir erleben Leiden, Sehnsucht, Schmerz – und halten es für Liebe. Der Mann scheint allein dadurch, dass er sich uns entzieht, etwas Besonderes zu sein. Er wird zu einer Herausforderung, er gewinnt an Wert. Würden wir ihn genauer kennen, mit all seinen Schwächen inmitten eines banalen Alltags, wäre er wahrscheinlich einfach nur ein ganz normaler Mann für uns.

Wenn Sie von einem Mann, in den Sie verliebt waren, abgewiesen wurden, ist es immer sinnvoll, einen neutralen Blick zurück zu werfen. Rekapitulieren Sie die Gründe, warum Sie für ihn Feuer gefangen haben. War es vielleicht nur Ihre gekränkte Eitelkeit, die in Ihnen große Gefühle hervorgerufen hat? Haben Sie diesen Mann wirklich durchschaut mit all seinen Schwächen und Macken? Hätte er das Versprechen, das er ausstrahlt, bei näherem Hinsehen überhaupt einlösen können? Der Rausch der Schmetterlinge findet bei jeder Verliebtheit, die in eine Beziehung mündet, irgendwann ein Ende. Ein Mann kann noch so begehrenswert sein, selbst wenn es sich um George Clooney handelt – als Frau an seiner Seite würden wir irgendwann keine feuchten Hände mehr haben, wenn wir ihn sehen.

Die Liebe ist fröhlich und sorglos

Wenn wir unseren Mann fürs Leben finden wollen, die Liebe fürs Leben, dann müssen wir zunächst definieren, was die Liebe eigentlich wirklich ist. Was unterscheidet sie von der Verliebtheit?

Sie wollen mehr als sich »nur« verlieben. Sie wollen Ihren Gefährten fürs Leben finden. Der Mann, der Potenzial hat, diesen Platz einzunehmen, ist mindestens so sehr in Sie verliebt wie Sie in ihn. Er löst bei Ihnen keine Gefühle des Leidens aus. Der Rausch der Verliebtheit ist vielleicht etwas weniger dramatisch. Sie lernen nicht nur die Oberfläche Ihres Mr. Rights kennen, sondern den ganzen Menschen, inklusive seiner Schwächen. Nicht nur Sie kennen seine, auch er weiß um Ihre. Und Sie fühlen sich bei ihm sicher, obwohl er um sie weiß. Er steht zu Ihnen, Ihre Beziehung wird verbindlich. Ihr Zusammensein mit diesem idealen Mr. Right ist geprägt von Zuneigung, Vertrauen, Loyalität, Mitgefühl und Sicherheit. Und genau das sind fundamentale Aspekte der Liebe!

Die Liebe erhebt sich über die Oberflächlichkeit der Verliebtheit. Durch die Liebe können wir Menschen über uns hinauswachsen – unser Ich wird weniger wichtig, das Wir gewinnt an Bedeutung. Die Verliebtheit in einen Menschen kann uns zwar für eine gewisse Zeit einen Sinn im Leben geben. Aber nur die Liebe kann dieses Gefühl langfristig am Leben erhalten.

Die Voraussetzung dafür, dass wir bei einer Beziehung von Liebe reden können, ist, dass sich der Mann für uns entscheidet und wir uns für ihn. Lieben ist ein aktiver Vorgang. Man entscheidet sich dafür, sich gegenseitig als ganze Person anzunehmen – inklusive aller Schwächen, aller

Ecken und Kanten. Liebe ist also eine Frage des Wollens. Dieser Aussage entspricht besonders schön die umgangssprachliche italienische Liebeserklärung »ti voglio bene«, für die es keine direkte deutsche Übersetzung gibt. Gemeint ist hier in etwa: »Ich hab dich lieb«, aber eben auch »Ich will dir Gutes«. In der Liebe entschließen wir uns, einen Menschen als Ganzes zu bejahen. Egal wie die Einzelheiten auch sein mögen.

Die Schlussfolgerung daraus ist: Bei einem Mann, der sich nicht wirklich für Sie entscheidet, kann es sich niemals um Ihre große Liebe handeln. Diese Beziehung basiert nicht auf Liebe! Die Liebe hat nichts mit Leid und Schmerz zu tun. »Unruhe in der Liebe ist keineswegs das Wesen der Liebe. Die Liebe ist fröhlich und sorglos«, stellte der russische Schriftsteller Nikolaj G. Tschernyschewski fest.

Interessant ist, wie sich die Zustände der Verliebtheit und der Liebe in ihren körperlichen Auswirkungen unterscheiden. Während verliebte Menschen von einem Hormoncocktail in Aufruhr versetzt werden, kommt im Zustand des Liebens das Wohlfühlhormon Oxytocin ins Spiel. Dieses wird bei Zärtlichkeiten und auch beim sexuellen Höhepunkt ausgeschüttet. Es hilft dabei, Stress abzubauen und unterstützt sogar die Reduzierung von Fettdepots. Je länger wir uns in einer ausgeglichenen, glücklichen Partnerschaft befinden, umso mehr verringern sich die Stresshormone in unserem Körper. Die Hormonbalance verstärkt sich, und die Zahl der Abwehrzellen steigt.

Wenn Sie also etwas für Ihr Wohlbefinden und Ihre Gesundheit tun wollen: Setzen Sie nicht auf die Verliebtheit – setzen Sie auf die Liebe! Liebe ist kein dramatischer Rausch, dafür aber ein angenehmer Zustand des Wohlfühlens und der Harmonie.

Halten Sie Ausschau nach jemandem, der Ihnen diese

echte Liebe, den Zustand von Wärme, Geborgenheit und Nähe bieten kann. Natürlich möchte jeder von uns dramatische Momente erleben. Der eine ist mehr, der andere weniger süchtig danach. Für Momente dieser Art wird ein Mann, der unerreichbar ist, der sich rar macht oder Sie enttäuscht, unter Umständen gut zu gebrauchen sein. Für mehr aber nicht. Heiraten werden Sie ihn nicht.

Sex heißt nicht Liebe

Schon Konfuzius hat es auf den Punkt gebracht: »Essen und Beischlaf sind die beiden großen Begierden des Mannes.«

Sexualität ist ein eigenständiges Phänomen, das weder eine Bindung der Partner voraussetzt noch eine Bindung nach sich zieht. Der Partner beim Sex ist mehr oder weniger austauschbar.

Anders gesagt: Ein Mann schläft mit einer Frau, weil er sie körperlich attraktiv findet. Das muss aber nicht heißen, dass er verliebt in sie ist. Die einzige Schlussfolgerung, die sein Begehren zulässt, ist, dass er die Frau anziehend findet. Sofern er nicht in sie verliebt ist, impliziert dieser Sex keinerlei emotionale Bindung für ihn. Es ist unmöglich, einen Mann durch Sex – so grandios dieser auch sein mag – in sich verliebt zu machen!

Wecke die Königin in dir!

Eine Königin ist die Herrscherin ihres Reiches, voller Anmut und Stolz. Ihr Wesen strahlt Souveränität und Würde aus, gepaart mit Milde und Güte. Keiner wird je einen vollständigen Blick hinter die Kulissen ihrer Regentschaft werfen können. Sie ist und bleibt die erhabene Herrscherin.

Und was hat das mit der Suche nach dem Mann fürs Leben zu tun? Ganz einfach: Wir Frauen werden dann geheiratet, wenn wir Königinnen sind. Wie bitte? Manche Leserin wird jetzt lachend sagen, dass die Monarchie in den meisten Ländern abgeschafft ist und auf den paar Königsthronen dieser Welt wohl kaum Platz für alle Frauen auf der Suche nach dem Richtigen ist. Natürlich geht es nicht darum, einen Thron zu besteigen. Der Begriff ist bildlich gemeint: Wenn wir zur Königin unseres eigenen Lebens werden, zum leuchtenden Mittelpunkt – strahlend von innen und von außen –, dann gewinnen wir all jene Eigenschaften, die sich Männer von ihrer Partnerin erhoffen und bleiben doch Regentinnen in unserem Königreich.

Regel Nummer zwei

Königinnen haben die besten Chancen,
eines Tages einem wundervollen Mann
ins Ohr zu hauchen: »Ja, ich will.«

Warum Königin?

In Befragungen wird immer wieder bestätigt: Männer wünschen sich eine Frau an ihrer Seite, die in gewisser Weise besser ist als sie selbst, und durch die sie sich von der Masse abheben. Das impliziert den Wunsch nach sozialem Aufstieg, von dem man ja eigentlich dachte, er läge vorwiegend im Interesse der Frauen bei ihrer Partnerwahl. Nein, auch Männer wollen sich durch ihre Partnerin verbessern. Und vor allem wollen sie eine Frau, auf die sie stolz sein können.

Für den Mann ist seine Ehefrau ein Statussymbol. Das bedeutet nicht, dass sie materiell besser gestellt sein muss als er. Entscheidend ist, dass ihre Ausstrahlung und ihr Wesen vermitteln, dass sie etwas Besonderes ist. Eine Frau mit Würde und Eleganz, eine Frau, die wunderbar in das Umfeld dieses Mannes passt. Und um die ihn seine Freunde beneiden werden. Die Ehefrau als Trophäe? Das mag sich im Zeitalter der Emanzipation unglaublich rückständig anhören. Aber es ist Realität. Und die wird umso deutlicher bei erfolgreichen, selbstbewussten Männern. Bei Männern, die etwas erreicht haben, die etwas darstellen. Mit anderen Worten, bei den Alpha-Männchen, der wohl begehrtesten Spezies der Gattung Mann. Je mehr Alpha-Mann in einem Mann steckt, desto mehr wünscht er sich eine Königin an seiner Seite. Denn nur eine Königin ist eine echte Trophäe.

Nun können Sie mit Recht entgegnen: Wie kann es sein, dass ich Frauen kenne, die längst verheiratet sind, die aber eigentlich gar nichts Königliches an sich haben? Warum bitteschön sind so viele langweilige Frauen schon verheiratet, und dazu auch noch mit interessanten Männern!

Wenn wir einen Blick hinter die Kulisse dieser Ehen werfen, finden wir in der Regel drei beispielhafte Fälle:

1. Das Ehepaar hat sich schon früh kennengelernt und geheiratet, vielleicht schon zu Schul- oder Studienzeiten. Während der Mann immer mehr erstrahlte, verkümmerte die Frau zu Hause. Hier kann man der Frau wohl nur zu ihrem guten Fang gratulieren, der frühe Vogel fängt den Wurm. Nicht unwahrscheinlich allerdings, dass ihr Mann sich irgendwann nach einer spannenderen Frau umschauen wird.

2. Es handelt sich um eine Bequemlichkeits-Ehe. Der Mann sucht sich ganz bewusst eine nicht so königliche Frau, die dafür aber lieb und pflegeleicht ist. Er kann dann ganz wunderbar sein Leben leben und hat trotzdem immer eine treue Ehefrau zu Hause. Ein sehr praktisches Arrangement für manchen Mann. Weniger beneidenswert dagegen ist die Rolle seiner Ehefrau.

3. Jede Beziehung ist ein Tauschgeschäft. Heiratet ein Mann eine nichtkönigliche Frau, hat er in der Regel selbst nicht so viel zu bieten. Er kann sich keine Königin leisten oder glaubt, sich keine leisten zu können. Dafür gibt es viele Beispiele. Vielleicht ist der Mann schon älter, möchte aber unbedingt noch eine Familie gründen. Oder es handelt sich um einen Mann mit wenig Selbstbewusstsein, der nicht darauf hofft, eine Königin abzubekommen. Oder er wurde in seinem Leben schon oft enttäuscht und will sich nicht noch mal mit einer Königin einlassen.

Für eine Königin kann es sehr sinnvoll sein, einen Partner zu wählen, der nicht in allen Bereichen über die Eigenschaften eines Alpha-Manns verfügt. Ein Alpha-Mann mag wirken wie ein Hauptgewinn. Das macht ihn aber noch lange nicht zu einem guten Lebenspartner. Die Praxis zeigt: Ein Frosch ist manchmal die viel bessere Wahl als ein Prinz. Kluge Frauen setzen nicht darauf, den Märchenprinzen zu finden. Denn sie wissen, dass es den nicht gibt. Sie lassen sich nicht vom schönen Schein der Alpha-Männchen blenden. Stattdessen suchen sie sich den richtigen Partner aus, denn sie erkennen, welcher Mann für sie die perfekte Ergänzung ist.

In jedem Fall gilt aber: Für uns Frauen ist es besser, als Königin durch ein gemeinsames Leben zu gehen und das ganz unabhängig davon, welchen Mann wir wählen. Ein besonders eindrucksvolles Beispiel dafür, wie man sich Königlichkeit mit den Jahren erarbeiten kann, ist Susanne, eine Immobilienmaklerin Mitte dreißig. Diese Frau ist innerhalb der letzten zehn Jahre nicht etwa älter, sondern einfach attraktiver geworden. Vergleicht man Fotos von damals und heute, sieht man auf den früheren eine etwas unscheinbare hübsche junge Frau mit leicht verschüchtertem Lächeln. Auf den aktuellen Fotos dagegen schaut uns eine adrette, gut geschminkte Dame an, sexy und mit kessem Augenaufschlag. »Das ist aber eine Nette«, haben die Männer über Susanne vor zehn Jahren gesagt. »Was für eine Frau!«, sagen sie heute. Susanne hat es geschafft, eine steile Lernkurve bis zur Königin emporzuklettern. Sie hat aus ihren Erfahrungen mit Männern gelernt, hat sich durch Verstand und nüchterne Beobachtungsgabe die Eigenschaften einer Königin zu eigen gemacht und vor allem: Sie weiß heute, was sie wert ist und sie weiß, was sie will.

Jede Frau hat das Potenzial in sich, zur Königin ihres Lebens zu werden. Unsere Persönlichkeit ist nicht starr. Sie bietet fortwährende Entwicklungsmöglichkeiten. Nichts muss bleiben wie es ist. Wir alle haben die Möglichkeit, unserem Leben eine neue Richtung zu geben und aus uns das zu machen, was wir wirklich sein wollen.

Schönheit und das gewisse Etwas

Schöne Frauen wirken anziehend und begehrenswert auf Männer. Das wissen wir insgeheim alle, und es ist längst wissenschaftlich erwiesen, dass Männer bei ihrer Partnerwahl auf die Schönheit der Frau achten. Schönheit bedeutet evolutionsbiologisch übersetzt ein ebenmäßiges, symmetrisches Gesicht und ein bestimmtes feminines Verhältnis von Ober- und Unterkörper. Schönheit verheißt Fruchtbarkeit und Gesundheit. Männer sind darauf konditioniert, junge und hübsche Frauen anziehend zu finden. Schließlich ist es ihre natürliche Aufgabe, sich mit einer Frau zusammen fortzupflanzen und gesunden Nachwuchs zu zeugen. Aber die Schönheit ist nicht alles. Das wirklich Entscheidende ist der Gesamteindruck, den eine Frau vermittelt und in dem sich ihr Wesen widerspiegelt. Ein Mann verguckt sich vielleicht in eine Frau, weil sie besonders schön ist. Ob er sich aber auch in sie verliebt und sich langfristig zu ihr hingezogen fühlt, hängt allein von ihrem Wesen ab.

Eine Studie von Psychologen an der Monmouth-Universität in New Jersey ist zu folgendem Ergebnis gekommen: Attraktivität beruht auch auf einem liebenswerten Charakter. Menschen mit positiven Charaktereigenschaften halten wir für attraktiver als solche mit unsympathischen Wesenszügen – und das ganz unabhängig von ihrem Aussehen. Sobald man vom angenehmen Charakter einer Person erfährt, wird diese Person sofort anziehender für jede Art von Beziehung. Ein angenehmer Charakter macht also tatsächlich »schöner« im Auge des Betrachters!

Wir müssen also keine klassische Schönheit sein, um zur

Königin zu werden. Schönheit ist nicht so wichtig, wie viele Frauen denken. Jeden Tag werden genauso viele hübsche wie weniger hübsche Frauen verlassen. Schönheit allein hat noch keiner Frau eine glückliche Ehe beschert. Denken Sie an Leinwandgöttinnen wie Marilyn Monroe oder Romy Schneider. Zwei der schönsten Frauen ihrer Generation, und doch war ihr Leben und ihr Untergang vom Pech in der Liebe gezeichnet.

Hingegen gibt es Frauen, die im klassischen Sinne nicht besonders schön sind, trotzdem aber Königinnen in ihrem Leben und in der Liebe. Diese Frauen sind nicht auffallend hübsch. Aber sie verfügen über Ausstrahlung, erregen Aufmerksamkeit und beherrschen die Prinzipien der Königlichkeit.

Eine Frau, die einfach nur schön ist, kann einem Mann schnell langweilig werden. Bloße Schönheit hat sogar eine Tendenz zur Unauffälligkeit. Experimente belegen, dass die schönsten Menschen diejenigen mit den ebenmäßigsten, durchschnittlichsten Gesichtern sind. Der Durchschnitt wird aber nicht nur als schön empfunden – er wird auch am schnellsten wieder vergessen!

Nur was aus dem Rahmen fällt, bleibt uns im Gedächtnis. Wer kennt heutzutage noch die Namen der superdünnen Models auf den Pariser Laufstegen? Niemand. An die Supermodels der neunziger Jahre erinnert sich hingegen jeder. Charaktergesichter wie Kate Moss oder Naomi Campbell bleiben im Gedächtnis. Nicht zu Unrecht sind sie auch mit weit über dreißig noch echte Stars in der Modelszene.

Frauen, die sich zurücklehnen und auf ihrem guten Aussehen ausruhen, sind keine Königinnen. Königinnen sind niemals langweilig, sie sind spannend. Schönheit bringt in der Liebe zwar Startvorteile ein. Aber mit Schönheit allein erreichen wir weder im Leben noch in der Liebe unsere Ziele.

Viel mehr Sinn macht es für uns Frauen, statt irgendwelchen Schönheitsidealen hinterher zu rennen, uns auf unseren ganz persönlichen Charme zu konzentrieren. Erforschen Sie sich selbst und finden Sie heraus, was Sie besonders macht. Trauen Sie sich, Ihre Besonderheiten zum Leuchten zu bringen. Das gewisse Etwas beruht auf Persönlichkeit. Das bedeutet auch, sich mit seinen persönlichen Schwachpunkten auszusöhnen. Wer selbstbewusst zu seinen optischen Besonderheiten steht, wirkt viel individueller und interessanter als ein Katalogmodel. Kleine Mängel werden sogar als attraktiv empfunden. Aber nur, wenn die betreffende Frau ausstrahlt, dass sie dazu steht und sich dieses Merkmal leisten kann. Eine markante Nase empfinden wir nur dann als unattraktiv, wenn wir merken, dass eine Frau sich damit nicht wohlfühlt. Es ist nicht ihre Nase, sondern ihre Unsicherheit, die sie in unseren Augen unattraktiv erscheinen lässt.

Söhnen Sie sich mit Ihrem Körper aus und arbeiten Sie an Ihrem Erscheinungsbild. Aber denken Sie immer daran: Es ist Ihre spannende Gesamtpersönlichkeit, die eine Königin aus Ihnen macht.

Der königliche Auftritt

Eine Königin hat ihren eigenen Look und ihren eigenen Stil, das zeugt von Selbstständigkeit und Unabhängigkeit. Sie hat es nicht nötig, sich irgendwelchen Modediktaten zu unterwerfen. Sie zieht an, was ihr steht, und muss nicht immer dem neusten Trend hinterherlaufen. Eine Königin zwängt sich nicht in zu enge Hüftjeans oder schwankt auf Plateauschuhen durch die Gegend, nur weil man so was gerade in Paris trägt.

Der Grundsatz sollte sein, dass Ihre Garderobe authentisch ist. Sie müssen sich in ihr wohlfühlen. Frauen, die geheiratet werden, setzen bei ihrer Basisgarderobe auf stilvolle Outfits. Männer heiraten nämlich Frauen, die sie mit Stolz ihrer Familie und ihren Eltern vorstellen können. Welche Mutter wäre nicht über ein stilvolles, schickes Outfit begeistert?

Stilvoll heißt hier natürlich nicht, dass wir uns nur in Tarnfarben wie beige oder Erdtönen kleiden müssen. Das sind zwar immer wieder Modethemen, aber sie machen unscheinbar.

Es gibt hingegen Farben, die besonders gut zu einer strahlenden Königin passen. Die Farbe Weiß beispielsweise hat eine geradezu entwaffnende Wirkung auf Männer. Weiß zieht Aufmerksamkeit auf sich und verheißt gleichzeitig Reinheit und Unschuld. Auch die Farbe Rot ist eine Signalfarbe, die Aufmerksamkeit bündelt. In einer amerikanischen Studie wurde nachgewiesen, dass Männer Frauen mit roter Kleidung als besonders begehrenswert einstufen. Biologisch bedingt haben Männer eine Vorliebe für die Farbe Rot und halten Frauen in Rot für sexuell besonders attraktiv. Kaufen Sie sich auf alle Fälle ein paar farbenfrohe Teile. Eine Königin strahlt Lebensfreude aus, und da ist auch Farbe mit dabei.

Ihre Basisgarderobe muss Stil haben, aber wer glaubt, es müssten immer teure Markenklamotten sein, täuscht sich gewaltig. Viele Männer erkennen diese Marken gar nicht! Ein Mann wird Ihnen nicht hinterher schauen, weil Sie die allerneuste Jeans aus der Versace-Kollektion tragen, sondern weil Ihre Jeans gut geschnitten ist und sich ein hübscher Po darin verbirgt. So eine Jeans kann genauso gut von Esprit oder H & M stammen.

Zusätzlich zur Basisgarderobe sollten Sie aber den ein oder anderen schicken »Aufreißer« im Schrank haben, mit dem Sie Akzente setzen können. Der darf dann auch ein bisschen mehr kosten. Sie sind schließlich etwas Besonderes und sind es sich wert, sich mit einem besonders hübschen Teil zu schmücken.

Ich möchte an dieser Stelle ein Beispiel für einen nicht-authentischen Kleidungsstil anführen. Melanie, eine Pharmareferentin Ende zwanzig, hat eine besondere Vorliebe für Prada und Gucci. Da es seit jeher ihr Ziel ist, einen wohlhabenden Ehemann an Land zu ziehen, spart sie keine Kosten und steckt jeden Euro in ihre Optik. Egal wohin sie geht, selbst das kleinste Accessoire ihrer Garderobe ist von einem Luxuslabel. Ohne Zweifel ein königlicher Augenschmaus. Lernt ein Mann sie aber näher kennen, stellt er fest, dass Melanie in einer heruntergekommenen Hochhaussiedlung lebt. Die Kosten für ihre Garderobe sind so hoch, dass sie zulasten ihres übrigen Lebensstils gehen. Der Mann merkt, diese Frau will ihn durch ihre Optik blenden. Hier ist Schein am Werk, kein Sein.

Ein Mann will keine Frau, die Spielchen mit ihm spielt. Es ist offensichtlich, dass Melanie mit ihrer Optik wohlhabende Männer um den Finger wickeln möchte. Sie begrenzt damit ihr Jagdrevier, nämlich auf die kleine Gruppe der besonders finanzstarken Alpha-Männchen. Normale Männer lassen lieber die Finger von ihr. Sie ahnen, dass Frauen wie Melanie hohe Kosten verursachen und Ansprüche stellen, denen sie sowieso nicht gerecht werden würden. Melanie ist übrigens immer noch Single.

Das A und O, um die Aufmerksamkeit eines Mannes zu erregen, ist ein Hauch Sex-Appeal. Um einen Mann in sich verliebt zu machen, ist es unerlässlich, seine sexuelle Phantasie anzuregen – dafür ist ein Hauch Sex-Appeal bei der Kleiderwahl am besten geeignet. Eine adrette Hochsteckfrisur kombiniert mit einer etwas engeren Bluse, hinter der sich eine wohlgeformte Oberweite vermuten lässt, wird die Herzen Ihrer männlichen Kollegen im Büro höher schlagen lassen. Ein paar enge Tops und Jeans, die den Hintern betonen für die Freizeit, ein kleines Schwarzes zum Ausgehen oder eine schicke, bunte Bluse können unsere persönlichen Schokoladenseiten ganz wunderbar in Szene setzen. Seien es ein besonders knackiger Po, auffallend schöne, lange Haare oder eine hübsche Oberweite.

Generell ist zu beachten: Ein Outfit, das komplett auf Sex-Appeal ausgerichtet ist, z. B. ein tiefer Ausschnitt kombiniert mit einem kurzen Rock, wirkt schnell billig und bemüht. Männer heiraten keine billigen Frauen. Mit billigen Frauen gehen sie ins Bett. Frauen, die geheiratet werden, setzen niemals ausschließlich auf sexuelle Reize.

Wer sich dagegen auf ein sexy Attribut beschränkt, zum Beispiel eine enge Bluse mit tiefem Ausschnitt trägt und dazu eine klassische lange Hose, liegt goldrichtig. Kein Mann wird denken, eine so gestylte Frau würde es darauf anlegen, dass man ihr in den Ausschnitt guckt. Ihr Gesamtauftritt wirkt seriös. Es sind die Phantasien eines Mannes, die ihn bei der Stange halten. Es ist die Anmutung verführerischer Eigenschaften, durch die dem Mann eine Frau besonders begehrenswert erscheint.

So eine Frau scheint gar nicht so viel Wert darauf zu legen, verführerisch zu wirken, ihr Sex-Appeal kommt ganz natürlich zum Vorschein. Wenn andere Frauen sich neben ihr nervös die Lippen nachziehen, kann sie darüber nur lächeln. Kein Mann würde ihr unterstellen, dass sie sich, extra um ihm zu gefallen, stundenlang zurechtgemacht hat. Das hat sie nämlich gar nicht nötig. Sie hat Spaß daran, sich selbst zu gefallen. Alles an ihr wirkt natürlich und nicht gestellt.

Solche Frauen haben das gewisse Etwas, das Männer äußerst anziehend und faszinierend finden. Solche Frauen haben einen beiläufigen Charme, sind entspannt und lassen sich durch nichts aus der Ruhe bringen. Durch ihre Abgeklärtheit wirken sie in gewisser Weise mächtig und geheimnisvoll. Ihnen kann ein Mann so leicht nichts vormachen. Sie kennen die Welt und wissen Bescheid, wie das Leben läuft. Sie kennen sich aus im Spiel der Liebe.

Lernen Sie die Kunst der Andeutung. Sex-Appeal lässt sich in beiläufigen Gesten und Bemerkungen verstecken. In einem verschmitzten Lächeln, in einem selbstvergessenen, melancholischen Blick. Schüren Sie Erwartungen durch kleine, verführerische Gesten. Zögern Sie aber die Realisierung seiner Phantasien immer wieder hinaus. Inflationieren Sie Ihre Verführungskünste nicht. Ein sexy Auftritt sollte immer etwas Besonderes sein.

Weiblichkeit

Evolutionsbiologisch betrachtet ist jeder Mann auf der Suche nach einer Frau, die fruchtbar ist. Sie suggeriert ihm die Chance auf eine erfolgreiche Fortpflanzung. Anziehend sind demnach alle Merkmale, die Erfolg bei der Fortpflanzung versprechen. Aber woran genau erkennt der Mann eine fruchtbare Frau?

Der wichtigste Indikator ist Jugendlichkeit. Frauen erreichen mit Mitte zwanzig den Höhepunkt ihrer Fruchtbarkeit, danach nimmt sie stetig ab. Umfragen ergeben, dass Männer tatsächlich am liebsten eine Frau im Alter von durchschnittlich 24,8 Jahren heiraten wollen, also auf dem Höhepunkt ihrer Fruchtbarkeit.

Eine weitere entscheidende Rolle spielen die Sexualhormone, insbesondere die Östrogene. Östrogene prägen die Form des Gesichts. Ein besonders weibliches Gesicht (z. B. volle, weiche Lippen, ein schmales Kinn) deutet auf einen hohen Östrogenspiegel hin. Gleichzeitig sorgen die Östrogene für eine glatte Haut. Ein Mann ist also darauf konditioniert, einer Frau ihre Fruchtbarkeit aus dem Gesicht abzulesen.

Frauen können die biologische Uhr zwar nicht anhalten, aber heute doch sehr viel dafür tun, auch mit weit über dreißig oder vierzig Jahren noch all jene Attribute auszustrahlen, die Männern Fruchtbarkeit versprechen:

Sorgen Sie dafür, das Beste aus Ihrer Haut zu machen. Ihre Gesichtscreme darf ruhig ein paar Euro mehr kosten, in der Apotheke gibt es reichlich Auswahl. Schlaue Königinnen benutzen Sonnenschutz und haben bereits vor ihrem dreißigsten Geburtstag eine Augencreme im Regal. Sollten Sie Akne haben, gehen Sie zum Hautarzt oder zur

Kosmetikerin. Es gibt heute für jede Form der Akne eine Behandlungsmöglichkeit.

Es mag sich nach einer simplen Empfehlung anhören, aber sie ist wichtig: Bevor Sie viel Geld in teure Kleidung und Make-up investieren, achten Sie lieber auf die Basics: Gehen Sie zum Zahnarzt und gönnen Sie sich einen guten Frisör. Gepflegte, weiße Zähne sind ein Indikator für Vitalität und Gesundheit. Welcher Mann wünscht sich keine vitale, gesunde Frau? In einer Studie wurden 2000 Testpersonen Fotos einer Frau vorgelegt. Auf dem einen Foto hatte sie weiße, auf dem anderen gelbliche Zähne. Das Ergebnis war: Die Frau mit weißen Zähnen wurde um mehr als zehn Jahre jünger geschätzt! Weiße Zähne sind also wirkungsvoller als jede Faltencreme. Ähnliches gilt für glänzende, gepflegte Haare. Gegen die Wirkung herausgewachsener Strähnchen kann auch der teuerste Lippenstift von Chanel nichts mehr ausrichten.

Die Farbe Rot hat sich in der Natur als sehr hilfreich für den Paarungserfolg erwiesen. Zebrafinkenmännchen, die sich von den Weibchen durch einen roten Schnabel und zwei Wangenflecken in orange und weiß unterscheiden, wurden in Versuchen zu wahren Frauenhelden, als die Forscher ihnen rote Hütchen an den Kopf klebten. Das Rot des männlichen Schnabels und der Wangen signalisiert den weiblichen Artgenossen biologische Tüchtigkeit – je mehr Rot das Weibchen am potenziellen Partner erkennt, desto stärker sein Sex-Appeal. Tatsächlich lässt sich diese Erkenntnis auch auf uns Menschen übertragen. Forscher, die wissen wollten, ob Rot Frauen attraktiver macht, legten Männern Fotos von Frauen vor, die entweder vor einem roten, blauen oder grünen Hintergrund gemacht wurden. Tatsächlich reichte schon ein roter Hintergrund aus, um eine Frau schöner und erotischer erscheinen zu lassen. Auch das ist eine Erkenntnis, die wir nutzen können:

Leicht gerötete Wangen signalisieren Männern Fruchtbarkeit und Paarungsbereitschaft. Ein dezentes Wangenrouge kann also niemals schaden!

Dass Männer sich für ältere Frauen begeistern, scheint in der Evolution nicht vorgesehen zu sein, doch unsere Gesellschaft hat sich nicht zuletzt durch die medizinischen und kosmetischen Möglichkeiten von ihren biologischen Fesseln emanzipiert. Reife Frauen, die auf sich achten, können ebenso schön wie jüngere wirken. Und das, was ihnen an Jugendlichkeit fehlt, machen sie nicht selten durch eine spannendere Persönlichkeit wett. Es gibt keine Altersgrenze dafür, geheiratet zu werden! Eine Königin fürchtet sich nicht vor runden Geburtstagen – weder vor ihrem dreißigsten noch vor ihrem vierzigsten. Eine Königin lässt sich nicht einreden, dass irgendetwas an ihr nicht stimmt, nur weil sie nicht mehr zwanzig ist. Eine Königin fühlt sich wohl in ihrer Haut – und genau das ist der Grund, warum Männer sie für eine Königin halten. In den USA sind die Männer dem Charme älterer Frauen besonders verfallen. Prominente Hollywood-Diven mit blutjungen Ehemännern an ihrer Seite prägen das Bild der sogenannten »Cougar-Damen«. Das sind Frauen über vierzig, denen man anmerkt, dass sie sich zu keinem Zeitpunkt attraktiver fühlten als jetzt.

Die gelassene Königin

Bei der Partnerwahl gilt heute das Prinzip der Homogamie: Wir suchen unseren Partner meist innerhalb der gleichen sozialen Schicht. Reiche heiraten Reiche, und Arme
heiraten Arme. Was aber machen wir, wenn wir aus einfachen Verhältnissen stammen, unser potenzieller Mr. Right
aber aus gutem Hause?

Ein Beispiel: Konstantin, BWL-Student, dreißig Jahre alt
und Sohn aus adeligem Hause mit nicht unbeträchtlichem
Immobilienbesitz, hat vor kurzem Anja, eine vierund-
zwanzigjährige Jurastudentin geheiratet. Anja finanziert
ihr Studium zum Teil als Kellnerin in einem Studenten-
Café, ihr Vater ist Postbeamter. Trotzdem scheint Anja wie
gemacht für die Welt der Reichen. Sie ist hübsch und kleidet sich stilvoll. Nicht teuer, aber äußerst adrett. Sie hat
eine für ihr Alter sehr reife Ausstrahlung, ihre Stimme ist
ruhig und unaufgeregt. Sie strahlt Herzenswärme aus und
weiß sich zu benehmen. Zudem ist sie in Bezug auf ihr
Studium fleißig und treibt gerne Sport.

Anja ist die ideale Königin für Konstantin. Warum? Sie
ist weder wohlhabend noch blaublütig. Aber ihr Wesen
gleicht dem einer Adeligen. Ihr Fleiß beim Studium zeigt,
dass sie Ziele im Leben hat. Sie ist keine von den Frauen,
die sich zurücklehnen und auf das Geld des Mannes verlassen. Ihr Bildungsniveau ist dem von Konstantin voll-
kommen gleichrangig. Ihre Unabhängigkeit ist ihre Stärke,
gerade für jemanden wie Konstantin ist das wichtig. Er
kann ihr zwar theoretisch ein sorgenfreies Leben bieten.
Aber: Ein Mann wie Konstantin will keine Frau, die ihn
wegen seines Geldes heiratet. Frauen, die in ihm den po-
tenten Ernährer sehen, sind ihm suspekt.

Das Beispiel zeigt, dass Frauen einer großen Illusion unterliegen, wenn sie denken, sie könnten sich durch einen Mann ein bequemes Leben verschaffen – ohne etwas dafür zu tun. Anja ist auch ohne Konstantin eine tolle Frau. Sie ist für ihn optisch eine Zierde, kann ihm intellektuell Paroli bieten und passt in sein Umfeld. Konstantin hat Anja geheiratet, weil sie eine echte Bereicherung für ihn ist.

Aus dem Beispiel von Anja können wir ein weiteres königliches Attribut ableiten: Eine Königin lässt sich durch nichts aus der Ruhe bringen. Die Freunde von Konstantin mögen noch so reich und schnöselig sein, Anja ist davon nicht beeindruckt. Auch die Sticheleien ihrer Kommilitoninnen, die sie um ihren guten Fang beneiden, schüchtern sie nicht ein. Sie weiß, was sie wert ist. Sie weiß, dass Konstantin Glück hat, eine so tolle Frau wie sie abbekommen zu haben. Auch wenn sie mit dem Fahrrad zur Uni fährt. Und nicht wie manch andere Studentin in Papas Cabriolet.

Eine Königin hat es nicht nötig, mit anderen Frauen in eine Konkurrenzsituation einzutreten. Sie strahlt aus, dass sie sich keine Sorgen darüber machen muss, ihr Mann könnte eine andere Frau toller oder attraktiver finden. Sich mit anderen Frauen zu vergleichen bringt einer Königin keinen Mehrwert ein. Da sie weiß, dass sie etwas Besonderes ist, hebt allein dieses Wissen sie von den anderen ab. Mit ihrem Selbstbewusstsein verschafft sie sich Respekt – sowohl bei ihren Konkurrentinnen als auch bei ihrem Mann.

Sobald wir uns dagegen mit anderen Frauen vergleichen, wirken wir dem Mann an unserer Seite gegenüber schwach und unsicher. Denn wir stellen damit automatisch unseren eigenen Wert in Frage. Übrigens: Eifersucht ist kein Ausdruck von Liebe. Eifersucht ist ein Ausdruck von Angst – Angst, dem Partner nicht mehr zu genügen und ihn möglicherweise zu verlieren.

Wenn Ihr Freund also von seiner tollen Exfreundin erzählt, lenken Sie das Gespräch auf ein anderes Thema, denn solche alten Geschichten finden Sie ziemlich langweilig. Wenn sich Ihr Freund auf einer Party mit einer anderen Frau unterhält, verzichten Sie auf einen eifersüchtigen Kommentar. Stattdessen lächeln Sie, schnappen sich ein Gläschen Sekt und lassen sich vom Bruder der Gastgeberin in ein unterhaltsames Gespräch verwickeln.

Das Wesen einer Königin ist frei von Unsicherheit und Angst – eine Königin strahlt heitere Anmut und Ruhe aus. Ihr Handeln ist geprägt von Gelassenheit. Sie steht über den Dingen, man kann sie nicht so leicht verunsichern. Eine Königin lässt sich nicht von ihrem Thron schubsen!

Die schweigsame Königin

Gäbe es eine Rangliste der von Männern als unattraktiv empfundenen Eigenschaften von Frauen, stünde relativ weit oben Schwatzhaftigkeit. Schon der Volksmund weiß: Reden ist Silber, Schweigen ist Gold. Menschen, die ihr Herz auf der Zunge tragen, empfinden wir schnell als langweilig. Wer viel redet, gibt viel von sich preis – und macht sich durchschaubar. Redseligkeit ist zudem häufig ein Zeichen von fehlendem Einfühlungsvermögen. Eine unsympathische Eigenschaft, die auf Egoismus hindeutet.

Männer sind keine Freunde von langen, ausschweifenden Gesprächen. Wenn Männer sich auf ein Bier treffen und unterhalten, dann sagen sie kurz und bündig, worum es geht und was sie bewegt. Auch wenn sie zwischendurch über die dümmsten Witze lachen, Männer kommen bei allem, was sie erzählen, schnell auf den Punkt. Sie reden nicht lange um den heißen Brei herum.

Männer sind Fans des Objektiven. In ihrer Welt lässt sich alles sinnvoll und eindeutig einordnen. Ihr Leben ist ausgerichtet auf Fakten. Auch bei Männergesprächen geht es um Fakten: Autos, Werkzeuge, Politik, Job oder Fußball. Gefühlsduseleien liegen »echten Kerlen« meistens fern. Ein Mann ist nur ein Mann, wenn er seine Emotionen unter Kontrolle hat. Und schon deshalb gibt es für Männer nur selten einen Grund, stundenlang über Gefühle zu reden. Männer sind daher auch ganz froh, wenn sie nicht zu langen, emotionsgeladenen Telefonaten genötigt werden. Ein kurzes, charmantes Gespräch ist einem Mann viel lieber als die in epischer Breite dargestellte aktuelle Gemütsverfassung seiner Partnerin, über die es sich mit einer guten Freundin sowieso viel besser unterhalten lässt.

Wer sich in einer Beziehung befindet, sollte zudem wissen, dass Männer Freunde klarer Ansagen sind. Sie sollten Ihrem Mann so deutlich wie möglich sagen, was Sie wollen und was Sie stört. Männer sind nicht besonders gut darin, zwischen den Zeilen zu lesen. Sprechen Sie also aus, was Sie bewegt. Wenn Ihnen etwas auf dem Herzen liegt, dann sagen Sie Ihrem Partner das ohne Umschweife und möglichst zeitnah. Gegenüber einem Mann bringt es keinerlei Pluspunkte, eine Meinung unausgesprochen zu lassen, nur um nett zu sein! Frauen, die ducken und nicht sagen, was sie denken, outen sich als schwach und manipulierbar.

Starke Frauen mit einer eigenen Meinung empfinden Männer dagegen als sexy. Und solche Frauen sind Königinnen, die geheiratet werden. Wer sich allerdings in einer Partnerschaft befindet, in der häufig Beziehungsgespräche anberaumt werden müssen, kann davon ausgehen, dass etwas falsch läuft. Da sich Männer eher an Fakten orientieren, ist für sie die gefühlsbetonte Innenwelt von Frauen nicht recht greifbar. Beziehungsgespräche, bei denen es um Gefühlsangelegenheiten geht, sind für Männer daher oft einfach nur Stress. Und für nicht wenige von ihnen sogar ein Graus.

Eine kluge Königin weiß zu vermeiden, dass solche Gespräche notwendig werden. Sie setzt dem Mann von Anfang an Grenzen und legt ihre Wünsche dar. Wenn der Mann diese Grenzen überschreitet oder ihre Wünsche grundlegend missachtet, ist eine Königin in der Lage, Konsequenzen zu ziehen. Das erfordert Stärke und Unabhängigkeit. Im äußersten Fall kann es zur Folge haben, den Mann zu verlassen. Männer bewundern Frauen, die in der Lage sind, Konsequenzen zu ziehen bzw. denen man anmerkt, dass es theoretisch in ihrer Macht stünde, Konsequenzen zu ziehen. Vor solchen Frauen haben Männer Respekt. Und mit solchen Frauen wollen sie zusammen sein!

Insgeheim wünscht jeder Mann sich eine Frau, die in der Lage ist, ihm seine Grenzen aufzuzeigen. Dadurch wird ihm bewusst, dass es keine Selbstverständlichkeit ist, mit ihr zusammen zu sein. Er merkt, dass er in ihren Augen fehlbar ist und dass es ihr theoretisch möglich wäre, auch ohne ihn klarzukommen. Die Tatsache, dass sie sich trotzdem für ihn entschieden hat, macht es für ihn zu einem Privileg, sie an seiner Seite zu haben. Das Zusammensein mit so einer Frau wird er als Bereicherung empfinden und nicht als Verpflichtung.

Eine strahlende Königin wahrt immer eine gewisse Aura des Geheimnisvollen. Ihr Mann muss nicht bis ins kleinste Detail erfahren, was sich in ihrem Innersten abspielt. Eine Königin gibt nur so viel von sich preis, dass sie als Person weiterhin spannend bleibt. Auch nach dreißig Ehejahren weiß der Mann an ihrer Seite nicht in jeder Einzelheit, was in ihrem Kopf vor sich geht.

Eine Königin spricht nicht, nur um überhaupt etwas zu sagen. Eine Königin ist in der Lage, Momente des Schweigens zu ertragen! Solche Momente erlebt man mit Männern häufig. Nach dem Sex beispielsweise möchte ein Mann meistens einfach nur entspannen. Er möchte weder über den Sex an sich noch über die Bedeutsamkeit des Geschehenen für den weiteren Verlauf Ihrer Beziehung sprechen. Wenn Sie als Frau in solchen Momenten anfangen, viel zu reden, zeugt das von Unsicherheit. Unsicherheit ist nicht königlich, denn Sie stellen damit Ihren Wert in Frage.

Ein anderer Grund für das Schweigen eines Mannes kann Stress oder Ärger im Job sein. Lassen Sie sich von seiner sporadischen Distanziertheit nicht verunsichern. Und vor allem: Beziehen Sie sein Schweigen nicht grundlos auf sich! Selbst wenn es daraus resultieren sollte, dass Sie ihm auf die Nerven gegangen sind – bleiben Sie gelassen! Nerven Sie ihn nicht noch mehr, indem Sie nachbohren, was denn los sei. Schalten Sie stattdessen selbst einen Gang runter. Dadurch entspannt sich die Lage in der Regel automatisch. Sie hören auf, ihm auf die Nerven zu gehen, und seine Distanziertheit löst sich ganz von selbst auf.

Die ersten Dates

Wie oft lernt man schon einen aufregenden Mann kennen? Einen Mann, bei dem einem die Knie weich werden, das ist eine absolute Rarität. Geradezu ein Jahrhundertereignis. Schlägt heute Abend etwa die Stunde des Schicksals? Endet heute das Single-Dasein zugunsten einer rosigen Zukunft voller Aufregung und Spannung?

Und vor allem, was ist entscheidend und wichtig für das erste Rendezvous mit einem Traummann?

Regel Nummer drei

Losgelöstheit ist das entscheidende Erfolgs-
geheimnis! Was genau bedeutet das?
Es heißt frei von allen Ängsten und Beschrän-
kungen zu sein. Losgelöstheit bedeutet,
sich selbst zu genügen und sich selbst als
den Mittelpunkt der Welt zu betrachten.

Die Würde der Königin

Wir haben bereits am Beispiel von Anja festgestellt, dass eine Königin ein bestimmtes Bild von sich selbst hat. Eine Königin weiß ganz genau, was sie wert ist. Eine Königin legt also ein ganz natürliches Selbstbewusstsein an den Tag, das nichts zu tun hat mit Geld oder sozialem Status. Sie respektiert sich selbst und verfügt über königliche Würde.

Der Würde wird hier ein ganzer Abschnitt gewidmet, weil sie im Umgang mit Männern ein essentieller Faktor ist, und es schon beim ersten Treffen mit einem potenziellen Mann fürs Leben oberstes Gebot ist, die eigene Würde zu wahren. Besonders in der Kennenlernphase ist Würde ein fragiles, aber entscheidendes Gut. Einmal verloren, lässt sie sich nicht so leicht wieder herstellen – in vielen Fällen gar nicht mehr. Männer neigen in dieser Phase dazu, zu testen, wie weit sie gehen können, und Frauen sind dann besonders angreifbar.

Zur Veranschaulichung hier ein Beispiel:

Nehmen wir an, Sie haben einen Mann kennengelernt, der Potenzial hat, Ihr Mann fürs Leben zu werden. Er ist äußerst zuvorkommend und charmant und ruft Sie mehrmals täglich an. Sie haben Schmetterlinge im Bauch und sind sehr verliebt. Nach zwei romantischen, abendlichen Verabredungen – bislang wurde nur geküsst – verliert die Sache jedoch an Schwung. Der Mann hört auf, sich mehrmals täglich zu melden. Stattdessen sind Sie es nun, die ihn häufiger anruft. An dem Samstagabend, als Ihr drittes Date angesetzt ist, sagt er eine halbe Stunde vorher ab. Als Begründung gibt er an, ein Freund sei überraschend zu Besuch gekommen.

Es gibt verschiedene Möglichkeiten, auf diese Situation zu reagieren. Hier zunächst die falsche Reaktion:

Sie sind sehr beunruhigt, dass der Mann sich rar macht. Sie fragen sich, ob Sie etwas Falsches gesagt oder getan haben könnten? Ein paar Tage nach dem geplatzten Samstagabend-Date schreiben Sie ihm eine E-Mail. Sie beginnen ganz harmlos und fragen, wie es ihm denn so gehe und wann sie sich denn mal wieder sehen würden. Der Mann schreibt zurück, dass er momentan einfach viel Stress habe. Er trifft sich aber ein paar Tage später mit Ihnen auf einen Kaffee in der Mittagspause. Er hat allerdings nur kurz Zeit. Sie sind verwirrt. Warum ist er nicht mehr so herzlich wie noch vor kurzem? Und warum gibt er Ihnen nur einen kleinen Wangenkuss zum Abschied? Sie schreiben ihm eine SMS: »Was ist denn los? Du bist so komisch, habe ich was falsch gemacht?«

Daraus lässt sich nur eine Schlussfolgerung ziehen: Sie haben soeben Ihre Würde verloren! Ab diesem Zeitpunkt steht mit hoher Wahrscheinlichkeit fest, dass Sie das Blatt nicht mehr zu Ihren Gunsten wenden können. Höchstwahrscheinlich werden Sie nie eine Antwort auf Ihre SMS erhalten.

Hier zunächst die Analyse des Geschehenen: Der Mann war zu Beginn zweifellos sehr begeistert. Euphorisiert von der Aussicht, vielleicht seine Herzdame gefunden zu haben, rief er jeden Tag an und führte Sie in schicke Restaurants aus. Nach den zwei Treffen, bei denen er seinen ganzen Charme spielen ließ, stellte er jedoch fest, dass seine Begeisterung nicht mehr ganz so groß war. Warum?

Die erste Möglichkeit: Seine Charmeoffensive hat zu schnell Früchte getragen. Sie haben ihn mit verliebten, erwartungsvollen Augen angesehen, sich überschwänglich für die tollen Abende bedankt und ihm vorm Schlafengehen eine liebe SMS geschickt. Irgendwie waren Sie wohl doch keine unnahbare Göttin. Ganz im Gegenteil, Sie waren offenbar ziemlich leicht zu beeindrucken.

Die zweite Möglichkeit: Der Eindruck, den der Mann beim ersten Kennenlernen von Ihnen hatte, hat sich bei den folgenden Dates nicht bestätigt. Vielleicht waren Sie doch nicht so vornehm und stilvoll, wie er vermutet hatte? Vielleicht haben Sie laut über Witze gelacht, die er selbst nicht lustig fand? Vielleicht waren Sie nicht ganz so cool und selbstbewusst, wie Sie ausgesehen hatten? Unter Umständen waren Sie sehr redselig, erzählten von Ihrer letzten unglücklichen Beziehung und dass Sie jetzt schon seit über einem Jahr Single seien. Insgesamt machten Sie auf ihn nun keinen besonders königlichen Eindruck mehr.

Aus der Tatsache, dass Sie ihm seine kurzfristige Absage des Samstagabend-Dates nicht weiter übel genommen haben, hat der Mann die Schlussfolgerung gezogen, dass Sie eine Frau sind, mit der man so was machen kann. Offensichtlich haben Sie ihm sein Verhalten durchgehen lassen, ohne daraus Konsequenzen zu ziehen. Das folgende Treffen auf einen Kaffee war für ihn daher eher eine Geste der Höflichkeit. Richtig beeindruckt war er zu diesem Zeitpunkt nicht mehr. Vielleicht hätte er dem Ganzen ja noch eine Chance gegeben. Aber Ihre SMS, in der Sie ängstlich nach dem Grund für sein Verhalten fragten, bestätigte seinen Verdacht: Sie schienen eine Frau ohne Würde zu sein. Warum sonst hätten Sie es nötig gehabt, Ihren Wert ihm gegenüber in Frage zu stellen? Ihre SMS zeugte von Unsicherheit und mangelndem Selbstbewusstsein – zwei absolut unkönigliche Eigenschaften. Durch diese kleine SMS haben Sie tatsächlich Ihre Würde verloren.

Als Königin wäre Ihr Verhalten von Anfang an anders gewesen. Als Königin wissen Sie, dass Sie etwas ganz Besonderes sind. Ein Mann, der Ihr Herz erobern will, muss sich erst mal beweisen. Zwei romantische Essenseinladungen reichen noch lange nicht aus, um Sie dahinschmelzen zu lassen. Statt sich von seinen Schmeicheleien einwickeln zu lassen, wären Sie erst mal ein wenig nüchtern geblieben. Sehr charmant und freundlich, aber abwartend und prüfend. Sie hätten den Mann ein wenig ausgefragt über sein Leben und seine Interessen. Sie hätten sich nach seinem Job erkundigt und versucht herauszufinden, mit was für Leuten er so zu tun hat. Gut möglich, dass Sie sich auf einen Kuss eingelassen hätten. Allein schon, um seine Fähigkeiten zu testen. Niemals wäre es Ihnen jedoch in den Sinn gekommen, ihm danach eine begeisterte Gute-Nacht-SMS zu schreiben.

Männer wollen keine leichte Beute machen – Männer lieben Frauen, die nicht leicht zu beeindrucken sind. Es ist wie mit allen Dingen, nur was schwer zu kriegen ist, erscheint uns Menschen wertvoll. Eine leichte Eroberung ist für einen Mann nicht viel wert. Wenn er sich nach wenigen Dates in Sicherheit wähnen kann, dass er Ihr Herz erobert hat, verlieren weitere Treffen für ihn an Reiz und Spannung. Die ganze Aufregung, der Adrenalinschub, den er beim ersten Kennenlernen verspürt hat, verpuffen im Nichts.

Auch wenn Sie als Frau mit all Ihren liebenswerten Eigenschaften ganz wunderbar dem Anforderungskatalog eines potenziellen Partners entsprechen, heißt das noch lange nicht, dass er große Gefühle für Sie entwickeln wird. Verliebtheit ist nämlich ein völlig irrationaler Vorgang. Verliebte Menschen befinden sich in einem Zustand der Aufgewühltheit. Sie schwanken zwischen der Freude auf ein Wiedersehen und der Angst, ihr Objekt der Begierde womöglich wieder zu verlieren. Nur auf diese Weise entstehen die dramatischen Gefühle der Verliebtheit. Dramatik setzt voraus, dass die Möglichkeit besteht, zu leiden. Die Aussicht, eine Liebesgeschichte mit ungewissem Ausgang zu erleben, ist es, die bei einem Mann das Feuerwerk der Verliebtheits-Hormone zündet. Ein Mann wird sich dann mit aller Macht verlieben, wenn theoretisch die Gefahr besteht, dass seine Liebe nicht erwidert wird.

Manche Männer legen auf den Rausch der Hormone nicht so viel wert. Diese Männer sind häufig schon älter, abgeklärt, übersättigt oder ernüchtert von der Damenwelt. Oder aber sie haben erkannt, dass Verliebtsein ein ziemlich kurzweiliges Vergnügen ist und nicht viel mit wahrer Liebe zu tun hat. Aber: Die meisten Männer wollen ihn, den Rausch der Hormone. Dramatik gehört zum Spiel der Liebe, und vor allem die Jüngeren wollen vor allem eins: um eine Frau werben.

Das Erfolgsrezept: Versuchen Sie in der Kennenlernphase eine gewisse Nüchternheit zu wahren. Geben Sie dem Mann Gelegenheit, Sie Schritt für Schritt zu erobern, indem Sie sich nur Schritt für Schritt erobern lassen. Er darf sich unter keinen Umständen nach wenigen Dates Ihrer Liebe gewiss sein. Zeigen Sie ihm, dass Sie ihn sympathisch und interessant finden. Mehr aber nicht. Je länger sich der Mann im Zweifel befindet, ob er tatsächlich Ihr Herz erobert hat, desto mehr Eindruck werden Sie auf ihn machen. Sie werden zu einem Hauptgewinn für ihn. Allein schon aufgrund der Mühen, die es gekostet hat, Sie zu erobern.

Über kurz oder lang verfliegt in jeder festen Beziehung der Rausch der Verliebtheit. Bauen Sie also ein großes Depot gespannter Erwartungen um Ihre Person auf. Auf diese Weise bleiben Sie für einen Mann auch später noch eine Königin. Selbst dann, wenn Sie zerknautscht und ungeschminkt im Pyjama vor ihm stehen.

Und trotzdem kann es passieren, dass ein Mann nach wenigen Dates das Interesse verliert. Nämlich dann, wenn sich sein erster Eindruck nicht bestätigt. Vielleicht hat der

Mann Sie auf den ersten Blick für eine temperamentvolle Verführerin gehalten, um dann zu erfahren, dass Sie eine nette, zurückhaltende Person sind. Oder er dachte, Sie wären besonders vornehm, dabei sind Sie eher ein burschikoser Typ. Es besteht kein Anlass, das nachlassende Interesse eines Mannes in solchen Fällen persönlich zu nehmen. Dieser Mann hat einfach nicht zu Ihnen gepasst. Ärgern Sie sich nicht, er war nicht der Richtige für Sie. Wenn Sie merken, dass ein Mann seine anfängliche Begeisterung verliert, kann es hilfreich sein, einen neutralen Blick zurückzuwerfen. Was mag es gewesen sein, was ihn anfänglich so von Ihnen begeistert hat? Entspricht Ihre Persönlichkeit überhaupt dem Bild, das Sie ihm beim ersten Treffen vermittelt haben?

Nehmen wir an, Sie haben sich während der ersten beiden Treffen mit dem besagten Mann königlich verhalten, und auch sein erster Eindruck von Ihnen hat sich bestätigt. Unter diesen Umständen hätte dieser Mann es mit Sicherheit nicht gewagt, Ihr Samstagabend-Date eine halbe Stunde vorher abzusagen.

Falls doch, hätten Sie die Konsequenz gezogen. Da eine so kurzfristige Absage unhöflich ist und von mangelndem Respekt zeugt, hätten Sie den Mann mit Missachtung strafen müssen. Eine E-Mail mit der Frage, wann sie sich denn mal wieder sehen, ist nicht Stil einer Königin. Männer sind nicht dumm. Sie wittern sofort, wenn eine Frau versucht, sich unaufdringlich an sie heranzuschleichen. Die einzige Antwort auf männliche Respektlosigkeit ist das Einlegen einer echten Sendepause.

Ich garantiere Ihnen, nach kurzer Zeit wäre ein Anruf von dem Mann eingegangen. Vielleicht hätten Sie sich darauf eingelassen, ihn noch mal zu treffen. Aber unter keinen Umständen auf einen Kaffee unter Zeitdruck in der

Mittagspause. Als Königin haben Sie es nicht nötig, unbequeme Dates anzunehmen. Bei einem Kaffee zwischen Tür und Angel sind Sie niemals so entspannt wie bei einem abendlichen Dinner in schmeichelhaftem Kerzenlicht. Lassen Sie sich nicht auf unbequeme Dates ein. Verzichten Sie auf eine Verabredung, wenn die Konditionen für Sie nicht stimmen. Ein Mann, der an Ihnen interessiert ist, wird sich nicht abschrecken lassen, nur weil Sie ihn bitten, das Date auf einen anderen Termin zu verlegen. Lassen Sie den Mann ein nettes Restaurant für ein Dinner oder Drinks am Abend aussuchen. An einem Tag, der auch Ihnen passt. Beim ersten Date geht die Rechnung auf ihn. Wenn der Mann nicht viel Geld hat, gehen Sie mit ihm einfach in ein günstiges Restaurant. Macht er beim ersten Treffen halbe-halbe beim Bezahlen, haben Sie es mit einem Geizhals zu tun oder mit jemandem, der nur wenig Interesse an Ihnen hat. Lassen Sie die Finger von so einem Kerl!

Eine Königin vermittelt allein durch ihr Wesen, dass sie nur das Beste gewöhnt ist und dementsprechend auch nur das Beste verdient hat. Sie stellt keine direkten und überzogenen Ansprüche an den Mann. Der Mann weiß jedoch genau, dass er ihren Ansprüchen genügen muss, um ihre Gunst zu erobern. Er merkt, dass sie nicht auf ihn angewiesen ist. Dementsprechend wird er ganz ungefragt sein Bestes geben, um ihren Wünschen gerecht zu werden.

Das Selbstverständnis von Königinnen

· Ich bin eine strahlende Königin, schön von innen und von außen.

· Als Königin verehre ich nicht – ich werde verehrt.

· Ich bin es gewohnt, wie eine Königin behandelt zu werden. Männer, die dies nicht tun, sind kein Umgang für mich.

· Da ich ein wunderbarer Mensch bin, hält das Schicksal einen wunderbaren Mann für mich bereit. Wo ich ihm begegnen werde, ist offen – aber eins steht fest: Ich werde ihm begegnen!

Diese Sätze mögen auf den ersten Blick sehr simpel erscheinen. Tatsächlich sind sie unverzichtbarer Bestandteil der Kunst, den Richtigen zu finden. Frauen, die geheiratet werden, strahlen mit jeder Faser ihres Wesens aus, dass sie wissen, dass sie eine Königin sind! Eine Frau, die es wert ist, von einem wunderbaren Mann vor den Altar geführt zu werden.

Wer sich wie eine Königin verhält, fühlt sich nach einer Weile auch wie eine Königin. Unser Handeln hat Einfluss auf unser Sein. Wir fühlen uns so, wie wir handeln.

Dieses Prinzip lässt sich gut an einem Beispiel nachvollziehen. Wenn Sie schlecht gelaunt oder unglücklich sind, können Sie Ihre Stimmung aufhellen, indem Sie einfach ein fröhliches Gesicht aufsetzen. Lächeln Sie! Es spielt keine Rolle, ob es ein echtes Lächeln ist. Auch wenn Sie nur so tun, als ob es einen Anlass dafür gäbe, sendet Ihr Nervensystem die Botschaft an Ihr Gehirn, dass Sie sich freuen. Daraufhin werden biochemische Prozesse eingeleitet, die dazu führen, dass Sie sich glücklicher fühlen. Versuchen Sie es mal. Wir alle sind in besserer Stimmung, wenn wir mit einem Lächeln durch den Tag gehen. Und genauso funktioniert das königliche Selbstverständnis.

Nehmen wir an, Sie treffen sich mit einem Mann zum Abendessen. Bevor Sie das Restaurant betreten, rufen Sie sich Ihr königliches Mantra ins Gedächtnis. Sie wiederholen mehrmals: »Ich bin eine stolze, schöne Königin. Die Welt steht mir offen.« Ganz Königin nehmen Sie eine aufrechte Haltung ein, Brust raus, Kopf hoch. Sie setzen Ihr charmantestes Lächeln auf, atmen tief durch und betreten das Restaurant. Ein wundervoller Abend wartet auf Sie. Sie sind der Star in Ihrem eigenen Hollywood-Film. Sie spielen die umjubelte Hauptrolle des Abends. Nichts kann Ihnen passieren. Ihr Date wird Ihnen zu Füßen liegen.

Vielleicht kostet es zunächst Überwindung, dieses Verhalten an den Tag zu legen. Es wird sich ungewohnt anfühlen. Nachdem Sie Ihre Hollywood-Rolle aber häufiger geprobt haben, werden Sie merken, dass Sie sich immer mehr fühlen wie ein Hollywood-Star. Je routinierter der Auftritt, desto positiver werden auch die Reaktionen Ihrer Date-Partner sein. Männer lieben Königinnen! Und dieses positive Feedback wird dazu führen, dass Sie sich immer wohler in Ihrer neuen Rolle fühlen. Aus Ihrer gespielten Königlichkeit wird mit der Zeit eine echte Königlichkeit. Ihre Rolle wird Teil Ihres Selbst.

Die moderne Hirnforschung weiß heute: Die menschliche Persönlichkeit lässt sich verändern. Unser Selbst ist nicht in Stein gemeißelt, unsere Identität ist kein fester Kern, der in uns ruht. Ganz im Gegenteil. Unser Selbst ändert sich zeitlebens und fortwährend. Unser Gehirn besteht aus einem Netzwerk von Neuronen, das sich ständig umbaut und anpasst. Unser Selbst ist damit ein Spielball unserer Selbstinterpretation und ein Resultat aus unseren Erfahrungen und Gedanken. Unser Selbst wird geformt durch das, was wir tun und erleben.

Daraus folgt: Die Rolle, die uns durch Gene oder unsere Herkunft aufgezwungen wurde, müssen wir nicht widerstandslos hinnehmen. Das Gehirn ist lernfähig, und es besteht jederzeit die Chance, eine neue Rolle in unserem Leben einzunehmen. Zum Beispiel die Rolle einer strahlenden Königin.

Vielleicht sind Sie eine schüchterne Person und bezweifeln, dass Ihnen diese Rolle liegen wird. Das ist kein Hinderungsgrund. Schüchternheit ist ein Persönlichkeitsmerkmal, das sich durch bestimmte Erfahrungen ausgebildet hat. Ihr Gehirn ist aber jederzeit in der Lage dazuzulernen! Negative Erfahrungen, die aus Ihnen eine schüchterne Person gemacht haben, können durch neue, positive Erfahrungen quasi überschrieben werden. Und wie? Ganz einfach: Es müssen neue, Mut machende Erfahrungen gesammelt werden. Und zwar so viele wie möglich!

Wichtig ist, unser angeborenes Temperament dabei nicht zu verleugnen. Wer eher eine stille Person ist, sollte nicht den Ehrgeiz entwickeln, zur Party-Queen zu werden. Auch stille Frauen können Königinnen sein. Lernen Sie, das Beste aus Ihrem Temperament zu machen. Lassen Sie Ihr Wesen neu interpretieren. Sie sind vielleicht still, aber stille Wasser sind bekanntlich tief, interessant und geheimnisvoll. Bedachtes Verhalten zeugt von Souveränität und strahlt nicht selten einen ganz besonderen Charme aus.

So wie unsere Persönlichkeit können wir auch unser Aussehen und unseren Auftritt beeinflussen: Wer mit zwanzig als unscheinbares Mäuschen durchs Leben gegangen ist, kann mit dreißig eine strahlende Diva geworden sein, der die Männer zu Füßen liegen. Beispiele dafür gibt es genügend. Und genauso wenig schicksalsbestimmt wie die Persönlichkeit ist der Erfolg in der Liebe. Als Königin wechseln Sie auf die Seite der Gewinnerinnen. Denn Sie akzeptieren keine andere Rolle als die Rolle der Gewinnerin! Vielleicht haben Sie gestern noch eine schwere Niederlage im Spiel der Liebe erlitten? Kein Grund, sich resigniert zurückzuziehen. Bereits das nächste Spiel bietet wieder die Chance auf einen Sieg.

In der Forschung wird zwischen drei Liebesstilen unterschieden. Der erste ist der sichere Liebesstil. Menschen, die sicher lieben, fällt es leicht, sich auf einen neuen Partner einzulassen. Sie sind positiv gestimmt und in der Lage, Vertrauen zu fassen. Die Liebesvermeider und die Liebesängstlichen hingegen tun sich schwerer mit der Liebe. Sie sind misstrauisch, es fällt ihnen schwer, sich auf einen Partner einzulassen. Die Liebesängstlichen neigen zudem zum Klammern, denn sie haben große Angst davor, verletzt zu werden. Keine Frage, die Liebesvermeider und die Liebesängstlichen unter uns haben es nicht so leicht auf dem Partnermarkt.

Die Forschungsergebnisse zeigen, dass unsere Liebesstile relativ stabil sind. Die erfreuliche Erkenntnis ist aber auch: Wir sind in der Lage dazuzulernen! Unser Liebesstil wird geprägt durch unsere Beziehungserfahrungen. Wie wir lieben, ist das Ergebnis unserer Erlebnisse in Kindheit und Erwachsenenalter.

An unseren Kindheitserfahrungen lässt sich nichts mehr ändern. Aber jetzt im Erwachsenenalter liegen unsere Erfahrungen ganz allein in unserer Hand! Wir bestimmen selbst, auf wen wir uns einlassen. Und indem wir die Art der Beziehung, die wir eingehen, verändern, verändert sich auch unser Liebesstil.

Ein liebesängstlicher Mensch kann seinen Liebesstil

sicherer machen, indem er eine stabile, gute Beziehung eingeht. In so einer Beziehung lernen wir, dem Partner zu vertrauen und uns zu entspannen. Wir gewinnen an Selbstsicherheit und Stärke. Aus der liebesängstlichen Person, die wir vorher waren, wird mit Hilfe dieser stabilen Beziehung mit der Zeit eine sicher liebende Königin.

Das Samstagabend-Date

Gewinnerinnen im Spiel der Liebe zeichnen sich durch große Routine aus. Sie wissen, wie die Männer ticken. Nicht nur, weil sie schon immer männliche Freunde in ihrem Bekanntenkreis hatten. Sie hatten auch schon viele Dates in ihrem Leben.

Testen Sie Ihre Wirkung bei verschiedenen Typen von Männern. Daten Sie eine alte Flamme aus Schulzeiten, daten Sie Ihren Nachbarn oder daten Sie einen Arbeitskollegen. Wenn Sie erst mal für die »netten« Jungs zur Königin geworden sind, klappt es auch bei den schwierigeren Fällen. Werden Sie zu einer »Männer-Expertin«, der kein Mann so schnell mehr etwas vormachen kann.

Nicht jeder Mann, mit dem Sie sich verabreden, hat das Potenzial zum Traummann. Es ist illusorisch zu erwarten, dass uns beim ersten Anblick unseres Mr. Rights gleich ein Donnerschlag treffen wird. Mancher Mann entpuppt sich erst nach dem vierten Treffen als toller Typ. Von essentieller Bedeutung ist es, möglichst viele gute Erfahrungen mit Männern zu sammeln. Lernen Sie zu erkennen, welcher Typ Mann besonders zugeneigt auf Sie reagiert.

Es ist hier keineswegs gemeint, dass Sie mit allen Ihren Date-Partnern in die Kiste steigen sollen. Dates sind lockere Verabredungen, bei denen zwei Menschen sich beschnuppern und kennenlernen. Verabredungen, aus denen sich etwas ergeben kann, aber keineswegs muss. Betrachten Sie Dates als Übungsplatz Ihrer Flirtkünste. Mit viel Übung und Routine werden Sie eine Profi-Königin sein, wenn Sie Ihrem Mr. Right begegnen.

Dennoch ist begehrt zu sein immer auch eine soziale Illusion. Ein Mann wird eine Frau dann für besonders begehrenswert halten, wenn sie wie eine Frau wirkt, die es gewohnt ist, begehrt zu werden.

Wenn Sie sich ihm gegenüber nicht verhalten wie eine Königin, tritt das Gegenteil ein. Akzeptieren Sie seine Liebe zu schlechten Konditionen oder ziehen keine Konsequenzen, wenn er sich schlecht benimmt, dann wird er sich weiterhin erlauben, Sie so zu behandeln. Sie wirken dann so, als seien Sie nichts Besseres gewöhnt.

Wer sich schlecht behandeln lässt, macht sich für einen Mann unattraktiv. Ein Mann will nicht dafür geliebt werden, dass er Sie schlecht behandelt. Er sucht eine Frau, die ihm männliche Taten und Eigenschaften abverlangt. Eine Frau, die seine positivste, seine heroischste Seite hervorzulocken versteht. Eine Frau, bei der er alles geben muss, um ein besserer Mann zu werden!

Wenn ein Mann sich Ihnen gegenüber respektlos verhält, weiß er genau, dass sein Verhalten weder männlich noch charaktervoll ist. Es macht ihm auch keinen Spaß. Eine Frau, die ihn trotz oder sogar wegen dieses Verhaltens liebt, outet sich als schwach und manipulierbar. Sie hat nicht sein wahres, besseres Ich erkannt. Ihre Zuneigung basiert auf Naivität und ist nicht viel wert.

Hierzu ein Beispiel: Sie lernen einen Mann kennen, den Sie sehr sympathisch finden, und haben zwei romantische abendliche Verabredungen mit ihm. Nach dem zweiten Treffen, bei dem bereits heftig geflirtet wurde, verspricht er, sich wieder zu melden. Die nächsten Tage vergehen, ohne dass Sie etwas von ihm hören. Erst nach einer Woche an einem Samstagnachmittag klingelt das Telefon. Er ist dran, sagt, dass er die letzten Tage viel zu tun hatte und fragt, ob Sie Lust hätten, abends mit ihm vor die Tür zu gehen.

Wenn Sie jetzt erfreut zusagen, wird der Mann den Respekt vor Ihnen verlieren. Warum? Wäre der Mann wirklich stark interessiert, hätte er sich in den Tagen nach Ihrem Treffen kurz gemeldet oder Ihnen zumindest eine SMS geschickt. Er hat es nicht getan. Ganz offensichtlich hatte er Wichtigeres zu tun. Er hat es nicht für nötig gehalten, sich bei Ihnen in Erinnerung zu rufen. Er sieht in Ihnen bislang keine Königin. Sie machen den Eindruck, dass Sie bereits sehnsüchtig auf ein Lebenszeichen von ihm gewartet haben. Sie sind bereit, alles stehen und liegen zu lassen, nur um ihn wieder zu sehen.

Als Königin haben Sie für den Samstagabend selbstverständlich schon etwas vor. Das Wochenende einer Königin ist bereits mehrere Tage im Voraus verplant. Ein Mann, der ein Samstagabend-Date haben will, muss sich spätestens Mitte der Woche darum bemüht haben. Spätere Anfragen sollten Sie, egal wie toll der Mann sein mag, grundsätzlich ablehnen.

Auf den Anruf des Mannes reagieren Sie unaufgeregt und freundlich. Sie verlieren keinen vorwurfsvollen Kommentar darüber, dass er sich erst jetzt meldet. Stattdessen sagen Sie ihm freundlich ab. Mit dem Hinweis, dass Sie bereits etwas anderes für den Abend vorhaben. Sie können sich ziemlich sicher sein, dass dieser Mann sich wieder melden wird. Er weiß jetzt, dass Sie sich nicht auf Dates zu schlechten Konditionen einlassen. Für den Fall, dass er sich nach Ihrer Absage nicht mehr meldet, wäre ein Wiedersehen mit ihm ohnehin reine Zeitverschwendung gewesen. Dann wollte er sich für den Samstagabend lediglich verabreden, weil er nichts Besseres vorhatte.

Hier gilt es, ein königliches Selbstverständnis zu haben: Warum sollten wir uns mit Männern abgeben, die uns keinen Respekt entgegenbringen? Die Zeit einer Königin ist kostbar, da sie ein erfülltes, beschäftigtes Leben führt. Sie hat es nicht nötig, ihre Zeit mit Verlegenheits-Dates zu verschwenden.

Praxisbeispiel: Der tolle Mann

Um eines Tages den Richtigen zu finden, muss das königliche Selbstverständnis ein fester Bestandteil Ihrer Gedankenwelt werden. Sie müssen in Ihrer königlichen Rolle so aufgehen, dass Sie sich wie eine Königin fühlen und das auch ausstrahlen.

Leichter gesagt als getan. Es erfordert Übung und Selbstbewusstsein, diese Rolle zu verinnerlichen. Was aber machen wir, wenn wir von Natur aus keine besonders selbstbewusste Person sind? Was machen wir, wenn wir schon einige Tiefschläge in der Liebe haben einstecken müssen? Besonders schwierig wird es immer dann, wenn wir es mit einem wirklich »tollen« Mann zu tun haben.

Dazu ein Beispiel:

Nehmen wir an, Sie lernen auf einer Party jemanden kennen. Er ist Ihnen sofort ins Auge gefallen: ein großer, gut aussehender Kerl im besten Alter. Als sie ins Gespräch kommen, stellen Sie fest, dass er sehr charmant und weltgewandt ist. Sein Job hat mit Politik zu tun, und er ist schon viel herumgekommen. Er scheint aus bestem Elternhaus zu stammen, studiert hat er in Paris. Ein wirklich toller Typ. Sie würden Ihre Katze darauf verwetten, dass er verheiratet ist. Nein? Unglaublich, er ist Single. Kurz bevor der tolle Mann die Party verlässt, kommt er noch mal zu Ihnen. Er will sich verabschieden und fragt vorher, ob Sie Lust hätten, mit ihm essen zu gehen. Sie fühlen sich sehr geschmeichelt und sagen zu. Einige Tage später ist es soweit. Am Nachmittag vor dem gemeinsamen Abendessen werden sie langsam unruhig.

Sie wissen, dass Sie sich heute Abend verhalten müssen wie eine Königin. Aber wie ist das zu schaffen? Der Mann ist äußerst attraktiv und sein Lächeln so charmant, dass Ihnen immer noch das Herz pocht. Wie soll man da cool bleiben? Sie werden es schaffen, und zwar so: Machen Sie sich ein paar Stunden vor dem Treffen einen Tee, lassen Sie sich ein Vollbad ein und entspannen Sie sich. Während Sie im warmen Wasser liegen, erinnern Sie sich an Ihr Selbstverständnis. Sie sind eine wunderbare, einmalige Königin. Ganz ohne Zweifel sind Sie ziemlich attraktiv. Warum sonst hätte dieser Mann, der selbst ausgesprochen gut aussieht, sich mit Ihnen verabredet? Er ist schlau und weltgewandt, na und? Haben Sie nicht vor kurzem Ihr Germanistik-Studium abgeschlossen? Dumm können Sie nicht sein, das schafft nicht jeder. In der Politik kennen Sie sich nicht so gut aus? Völlig egal. Es ist das Wesen einer Frau, in das ein Mann sich verliebt – nicht ihr Intellekt. Dieser Mann mag so aufregend sein wie er will. Sie hatten schon viele Dates, und es werden noch viele kommen. In Gedanken lassen Sie Ihre alten Verehrer Revue passieren. Sie sind selbst erstaunt, wie viele es waren. Ein paar davon waren vielleicht anstrengende Typen, die Ihnen auf die Nerven gegangen sind, aber immerhin. Alleine bleiben werden Sie definitiv nicht. Notfalls nehmen Sie halt einen nicht so aufregenden Mann, davon gibt es genug. Peter, Thorsten, Lutz oder vielleicht Dirk aus dem Sportverein fallen Ihnen spontan ein – wirklich nette Jungs und alle noch auf dem Markt. Unter den Männern mögen einige miese Typen versteckt sein. Aber es gibt auch genügend von den Guten. Auf jeden Topf passt ein Deckel, auch wenn der Deckel erst in ein paar Jahren vorbeikommt.

Das Leben ist dafür da, dass es uns glücklich macht. Liebe bedeutet Harmonie und Glück – mit Stress und Angst hat sie nichts zu tun. Das Leben ist perfekt, so wie es ist. Im Grunde kann es nur noch besser werden. Nichts, aber auch gar nichts kann an diesem Abend passieren!

Die losgelöste Königin

Bei diesem Abendessen kommt es nur darauf an, sich zu amüsieren. Der Mann mag so toll sein, wie er will: Ziel des Abends ist es, dass Sie sich gut unterhalten fühlen. Da dieses Abendessen einzig und allein dazu dient, ein netter Abend zu sein, können Sie locker und gelassen sein, charmant, aufmerksam, heiter und unaufgeregt. Das zweite Ziel des Treffens ist es, dass Sie mehr über diesen Mann erfahren. Lassen Sie ihn von sich erzählen, er sollte mehr reden als Sie. Erfolgreiche Männer lieben es, sich selbst und ihr Leben darzustellen. Es schmeichelt ihnen, wenn eine Frau ihnen dabei aufmerksam zuhört. Das wichtigste Erfolgsrezept beim Flirten ist, Interesse an seinem Gegenüber zu zeigen! Nichts wirkt so erotisch auf einen Menschen wie das Interesse und die Neugier, die wir ihm entgegenbringen.

Forschungsergebnisse zeigen, dass Mann und Frau bei ihrem ersten Zusammentreffen gar nicht so sehr auf die ausgetauschten Informationen achten. Viel wichtiger ist die Art und Weise, wie man aufeinander eingeht. Männer und Frauen checken bei ihrem Gegenüber folgende Eigenschaften:

1. Kann er/sie aufmerksam zuhören?
2. Wie sind Humor und Toleranz ausgeprägt – liegen wir auf einer Wellenlänge?
3. Wie stark ist sein/ihr Interesse an dem, was ich erzähle?
4. Weckt er/sie Neugierde auf mehr?

Natürlich erzählen Sie bei dem Abendessen auch von sich, aber wohldosiert. Verraten Sie nicht gleich Ihre ganze Lebensgeschichte und vor allem: Sprechen Sie bei den ersten Treffen auf keinen Fall von Ihren Problemen und Sorgen. Zukunftsängste oder alte, unglückliche Liebesgeschichten sind niemals Gesprächsthemen für erste Dates! Als strahlende Königin sind Sie zufrieden mit Ihrem Leben. Nichts steht einem optimistischen Blick in die Zukunft entgegen.

Befragungen von verheirateten und unverheirateten Frauen brachten folgendes Ergebnis: Unverheiratete Frauen sprechen von Männern, von denen sie verlassen wurden, oft mit schwärmenden Worten. Sie bezeichnen diese Männer als »tolle« Männer, und man merkt, dass sie es bedauern, den Erwartungen dieser tollen Männer nicht entsprochen zu haben. Für die verheirateten Frauen sind Männer, die mit ihnen Schluss gemacht haben, hingegen eher Nieten. Frauen, die geheiratet werden, haben es nicht nötig, sich an den Erwartungen von Männern zu messen, die sie fallenlassen. Sie sehen sich selbst als Zentrum der Welt!

Diese Erkenntnis müssen Sie mit Blick auf Ihr Ziel, vor dem Altar zu landen, auf jeden Fall beherzigen. Wenn ein potenzieller Partner Sie zu alten Liebesbeziehungen befragt, dürfen Sie niemals Ihr Bedauern über das Ende einer alten Beziehung äußern. Stellen Sie sich niemals als die Sitzengelassene oder Betrogene dar – schließlich sind Sie eine Königin und kein wehrloses Opfer! Notfalls lügen Sie einfach. Ihre alten Beziehungen sind auseinandergegangen, weil man sich auseinandergelebt hat oder unterschiedliche Interessen verfolgt hat. Alte Geschichten sind alte Geschichten, es besteht kein Grund, ihnen hinterher zu trauern. Sie schauen optimistisch in die Zukunft!

Wenn Sie sich nicht sicher sind, was geeignete Gesprächsthemen für ein erstes Date sind, hier ein paar Anregun-
gen:

· Unterhalten Sie sich über Gott und die Welt, den neu-
  esten Klatsch aus der Promiszene oder Ihren letzten
  Urlaub. Reden Sie über den Boxkampf, der gestern im
  Fernsehen lief. Männer mögen es, wenn Frauen sich
  auch in Männerthemen auskennen. Männer wollen
  bei einem ersten Date Spaß haben und eine gute Zeit
  verbringen. Und sie wollen herausfinden, ob das mit
  Ihnen möglich ist. Vermeiden Sie allzu ernste Themen,
  bei denen Sie sich beispielsweise über politische Mei-
  nungen zerstreiten könnten.

· Reden Sie nicht von sich aus von Liebe oder von Beziehungen. Wenn Sie sich stattdessen auf andere Themen
  beschränken, wird die Neugier des Mannes geweckt.
  Er wird selbst auf diese Themen zu sprechen kommen.

· Männer checken bereits beim ersten Date, ob Sie eine
  Frau mit einem eigenständigen Leben sind. Auf die
  Frage, was Ihr liebstes Hobby ist, sollte die Antwort
  niemals lauten, dass Sie gerne fernsehen und auch
  schon mal ein Buch gelesen haben. Erzählen Sie von
  der Australien-Reise, die Sie gerade planen. Erwähnen
  Sie den Kochkurs, den Sie gemacht haben, oder das
  spannende Buch von T. C. Boyle, das Sie gerade lesen.
  Er muss merken, dass Sie ein erfülltes Leben führen
  und Spaß daran haben.

Wenn Sie eine erfolgreiche Karrierefrau sind, sollten Sie
Folgendes beachten: Ihre berufliche Stellung wird einen
Mann vielleicht beeindrucken. Aber er wird Sie deswe-

gen nicht begehrenswert finden. Es sind Ihr Wesen und Ihre Persönlichkeit, die für ihn zählen, nicht Ihre Karriere. Forschungsergebnisse zeigen, dass die Intelligenz einer Frau auf der Wunschliste der Männer nur an zehnter Stelle steht. So traurig es ist: Intelligenz bringt Frauen bei der Partnersuche keine großen Vorteile ein. Unter Umständen sogar Nachteile. Frauen, die sehr erfolgreich in ihrem Job sind, machen bei Dates oft den Fehler, zu viel von ihrer Arbeit zu erzählen. Flirten Sie lieber!

Grundsätzlich geht es bei den ersten Dates darum, dass der Mann sich Ihnen präsentiert. In der Tierwelt führt der Pfau stolz seinen prächtigen Schweif vor, wohl wissend, dass er damit mächtig Eindruck bei den Weibchen schindet. Der Gorilla stellt sich auf die Hinterbeine und schlägt sich mit den Fäusten auf die Brust. Nichts anderes passiert bei uns Menschen. Der Mann plustert sich auf und berichtet von seinen Erfolgen im Leben und im Job. Machen Sie ihm diese Phase des Werbens nicht zunichte, indem Sie selbst die meiste Redezeit beanspruchen. Sie verletzen sonst die natürlichen Regeln der Paarbildung!

Der Mann sollte merken, dass er sich anstrengen muss, um zu beeindrucken. Tolle Männer sind sich ihres guten Aussehens und ihres Charmes durchaus bewusst. Aus Erfahrung wissen sie, dass es ihnen leicht fällt, Frauen zu beeindrucken – und um den Finger zu wickeln. Je toller ein Mann ist, desto weniger dürfen Sie sich anmerken lassen, wie beeindruckt Sie von ihm sind!

Ein toller Mann wünscht sich eine Frau auf Augenhöhe. Augenhöhe bedeutet nicht notwendigerweise, dass Sie intellektuell oder sozial genau auf gleicher Stufe mit ihm stehen. Augenhöhe bedeutet: Ihre Wertschätzung sich selbst gegenüber muss genauso hoch sein wie seine Wertschätzung sich selbst gegenüber. Es macht nichts, wenn

Sie nicht zu den Glücklichen gehören, die an einer Elite-uni in Paris studiert haben. Sie sind eine Königin in Ihrem eigenen Terrain.

Als losgelöste Königin werden Sie diesen Mann nicht wie einen »tollen« Mann behandeln, sondern wie jeden anderen »normalen« Mann, den Sie kennen. Königinnen verehren nicht, sie werden verehrt. Sie stellen sich einfach vor, Ihr alter Freund Peter säße vor Ihnen. Bei Peter mit seiner Halbglatze und dem leichten Doppelkinn würden Sie doch mit Sicherheit keine weichen Knie bekommen, oder? Stellen Sie sich vor, Sie sitzen Peter gegenüber und verbringen mit ihm einen netten, charmanten Abend. Ziel ist es, den tollen Märchenprinzen, der da vor Ihnen sitzt, so weit wie möglich zu entzaubern. Gelingt Ihnen das, werden sich die Schmetterlinge in Ihrem Bauch beruhigen, und Sie können ohne Bauchgrimmen einen wundervollen Abend verbringen.

Der tolle Mann wird von Ihrer heiteren Gelassenheit überrascht sein. Sie scheinen anders zu sein als die vielen anderen Frauen, die in ihm sofort den Märchenprinzen erkennen. Sie scheinen etwas Besonderes zu sein – eine losgelöste Königin eben!

Eine Frau, die auf diese Weise etwas Besonderes ist, ruft bei Männern zwei Reaktionen hervor: Aufmerksamkeit und Erstaunen. Goethe hat dazu gesagt: »Das Größte, zu dem der Mensch fähig ist, ist das Erstaunen.«

Haben Sie sich auch schon mal gefragt, warum unsere Kindheit die glücklichste Zeit in unserem Leben ist? Ganz einfach, weil wir als Kinder die Fähigkeit haben, neugierig zu sein und zu staunen. Wir staunen über eine Welt, die voll ist von Überraschungen und ungeahnten Möglichkeiten. Eine Welt, in der es an jeder Ecke Neues und Aufregendes zu entdecken gibt.

Für einen Mann ist es folglich das höchste Glück, eine Frau zu finden, die ihn in Erstaunen versetzt. Sie verheißt Neues und Unbekanntes, mit ihr zusammen scheint eine neue Epoche bevorzustehen. Ihre Besonderheit macht es zu einem Privileg, mit ihr zusammen zu sein.

Männer wollen nicht angehimmelt werden. Robbie Williams, Popstar und Idol von Millionen von Frauen, stellte in einem Interview einmal mit Bedauern fest: »Ich war noch nie verliebt.« Und warum? Ganz einfach: Seit seiner frühsten Jugend lagen ihm die Frauen zu Füßen, ohne dass er auch nur einen Finger dafür krumm machen musste. Die Chance, sich in eine der vielen zu verlieben, bestand für ihn gar nicht. Menschen, die uns anhimmeln, nehmen wir nämlich nicht ernst. Wenn wir von jemandem angehimmelt werden, dann spüren wir, dass dieser Mensch uns nicht wirklich durchschaut. Er betrachtet uns durch eine rosarote Brille, er verkennt uns. Wir wissen, dass er im Grunde ein völlig überzogenes Hochglanzbild von uns hat. Ein Hochglanzbild, das wenig mit der Realität zu tun hat.

Männer fühlen sich zwar geschmeichelt, wenn sie wissen, dass sie beim anderen Geschlecht gute Chancen haben. Es stärkt ihr männliches Ego, begehrenswert zu sein. Als Frau an seiner Seite wünscht sich ein Mann jedoch eine Frau, die ihn durchschaut und erkennt, wer er wirklich ist! Eine Frau, die es nicht nötig hat, ihn oder irgendjemanden sonst anzuhimmeln!

Aber es gibt auch Ausnahmen von dieser Regel: Ein älterer Mann fühlt sich möglicherweise schon allein von der Jugend und Attraktivität einer Frau geblendet. Es schmeichelt seinem Ego, eine junge, schöne Frau an seiner Seite zu haben, die ihn für seine Weisheit oder seinen sozialen Status bewundert. Ähnliches gilt für einen Mann mit geringem Selbstbewusstsein. Ihm tut es unter Umständen gut, wenn er sich der Zuneigung seiner Partnerin ganz gewiss sein kann, und sie ihm das Gefühl gibt, ein toller Kerl zu sein.

Kommen wir zurück zu Ihrem Date mit dem tollen Mann. Nehmen wir an, dieser Mann ist nur wenige Jahre älter als Sie. Als attraktiver und selbstbewusster Mann gehört er definitiv in die Liga der Männer, die von einer Frau nicht angehimmelt werden wollen.

Das Dilemma ist: Die Evolution hat uns darauf konditioniert, Männer zu brauchen. Unsere weiblichen Vorfahren waren jahrtausendelang auf den Schutz ihrer Männer angewiesen. Unsere Urinstinkte flüstern uns also zu: Wir brauchen einen Beschützer vor den Gefahren des Lebens. Und dieser Beschützer ist wie dafür geschaffen, von uns angehimmelt zu werden. Weil wir ohne ihn nicht leben können.

Das Zeitalter, in dem unser Überleben von Männern abhängig war, liegt weit hinter uns und hat nichts mehr mit der Realität zu tun. Auch wenn Sie den Mann, mit dem Sie zum Abendessen verabredet sind, für den perfekten Retter aus Ihrem trostlosen Single-Dasein halten – Sie dürfen es sich nicht anmerken lassen. Als losgelöste Königin halten Sie Ihre Urinstinkte im Zaum.

Wer das nicht tut, begibt sich in die Gefahr, den Mann anzuhimmeln, strahlt ihn mit großen, verliebten Augen an, plant in Gedanken schon mal die Hochzeitsreise oder spricht direkt eine Gegeneinladung zu einem selbstgekochten Abendessen aus, um sich zu revanchieren.

Wer einen Mann in dieser oder ähnlicher Form anhimmelt, macht sich unattraktiv.

Eine losgelöste Königin überlässt in der Phase des Datings dem Mann die Initiative für weitere Treffen. Der aktive Part liegt eindeutig bei ihm. Sie hat es nicht nötig, den

Prozess des Kennenlernens selbst zu beschleunigen. Bevor sie einen Mann als tollen Typ klassifiziert, wirft sie einen ausführlichen Blick hinter die Kulissen und bildet sich schrittweise ihre Meinung.

Ein Mann will an seiner Partnerin wachsen. Er selbst sucht eine Herausforderung, er will keine Herausforderung für sie sein! Er will eine Frau, für die er sich anstrengen muss. Und wie jeder Mensch will er um seiner selbst willen geliebt werden. Es ist absolut unmöglich, einen Menschen um seiner selbst willen zu lieben, wenn man ihn nur ein paar Mal getroffen hat. Liebesbekundungen nach ein paar romantischen Dates sind in etwa so stabil wie ein Kartenhaus aus Bierdeckeln.

Nicht wenige Männer beherrschen die Taktik des Einlullens. Ihre Komplimente sind so passgenau, ihr Charme so liebreizend, dass die Frauen glauben, sich bei ihnen ganz fallen lassen zu können. Tun Sie das auf keinen Fall. Bleiben Sie gelassen. Nur weil ein Kerl charmant zu Ihnen ist, heißt das noch lange nicht, dass er in Sie verliebt ist!

Solange ein Mann sich nicht ganz sicher ist, ob er es schaffen wird, bei einer Frau zu landen, wird er dazu neigen, bei seiner Charmeoffensive alle Register zu ziehen. Es geht ihm dabei gar nicht um die Frau selbst, sondern zuerst einmal um sein eigenes Wohlergehen. Es geht darum, dass er seine Männlichkeit beweisen muss, und er versucht dabei unbedingt, eine Niederlage zu vermeiden. Dabei schießt mancher Mann dann weit übers Ziel hinaus. Nicht nur, dass Sie die tollste Frau sind, die ihm seit langem begegnet ist, Sie sind auch bei weitem die hübscheste. Wie viele Kinder sie wohl eines Tages zusammen haben werden? Zwei oder vielleicht sogar drei? Und werden diese Kinder wohl Ihre blauen oder seine grünen Augen erben? Ziel des Mannes ist es in dieser Phase, Assoziationen auf eine mögliche gemeinsame Zukunft zu streuen.

Er weiß ganz genau: Eine Frau will nichts lieber als eine feste Beziehung. Also versucht er den Anschein zu erwecken, dass er genau der Richtige dafür ist. So alt dieser Trick auch sein mag, Männer benutzen ihn! Auch wenn es ihnen nur darum geht, eine Frau ins Bett zu bekommen.

Nehmen Sie das, was ein Mann Ihnen bei Ihren ersten Treffen sagt oder verspricht, nicht so ernst. Das Treffen ist für ihn wie ein Bewerbungsgespräch – er gibt alles, um den Job zu bekommen. Er macht eine große Show wohl wissend, dass er ein ganz normaler Kerl ist. Wenn Sie auf seine Angeberei reinfallen und beeindruckt reagieren, hält er Sie für naiv. Er weiß ja selbst, dass er ein Angeber ist und es noch lange nicht feststeht, ob er Sie weiterhin so vergöttern wird, wenn er Sie mit all Ihren Ecken und Kanten durchschaut hat. Nehmen Sie seine Schmeicheleien als das, was sie sind, kleine Nettigkeiten. Freuen Sie sich darüber – aber bilden Sie sich bloß nichts darauf ein!

Vor allem die Bad Boys unter den Männern können gut flirten und sind Experten darin, das andere Geschlecht um den Finger zu wickeln. Für sie ist es ein Spiel, das mit der Freude an der Eroberung zu tun hat und nicht unbedingt mit wohlüberlegtem Interesse an Ihnen. Wenn Sie das Spiel dieser Männer für mehr halten als ein Spiel, dann erscheinen Sie in deren Augen naiv. Es ist also wichtig, gelassen zu bleiben.

Ein Mann, mit dem Sie sich mehrfach zu romantischen Dates verabreden, weiß ganz genau, dass es Ihr Ziel ist, ihn in eine Beziehung zu locken. Jede Frau hat den Wunsch, mit einem Partner sesshaft zu werden. Ihre Absichten sind also genauso banal wie die jeder anderen Frau. Für den Mann werden Sie nur dann etwas Besonderes sein, wenn Sie es schaffen, den Weg in diese Beziehung so spannend wie möglich zu gestalten.

Die Zeit, in der Sie sich mit ihm in einem Katz-und-

Maus-Spiel befinden, in dem er sich Ihrer Zuneigung noch nicht ganz gewiss sein kann, sollte so lange wie möglich dauern. Das heißt nicht, dass Sie in dieser Zeit mit anderen Männern flirten oder ihm Verabredungen kurzfristig absagen. Es geht darum, ihm deutlich zu machen, dass sich Ihr Interesse nur schrittweise wecken lässt. Auf diese Weise wird er jedes Treffen mit Ihnen als eine Herausforderung empfinden.

Die Spannung zu Beginn Ihrer Beziehung hat eine wichtige Funktion. Sie sorgt dafür, dass aus Ihrer Liebesgeschichte etwas Einmaliges wird. Ein Erlebnis, das nur Sie beide miteinander teilen. Der Mann hat eine Erinnerung an Sie, die er nicht wieder verliert. Hört der Rausch der Hormone auf, ersetzt die Erinnerung an diese Verliebtheit die Verliebtheit selbst.

Die Phase des Kennenlernens

Viele Frauen machen den Fehler, sich bei den ersten Treffen mit einem Mann abwartend und geheimnisvoll zu geben – danach aber viel zu schnell lieb und handzahm zu werden. Zu Anfang sind sie noch nicht recht überzeugt und verhalten sich entspannt und locker. Sobald sie jedoch feststellen, dass der Mann das Zeug zu Mr. Right hat, entflammen sie in Liebe und Leidenschaft. Manch eine kühle, hoheitliche Karrierefrau mutiert nach ein paar Dates zu einer anschmiegsamen Kuschelmaus. Der königliche Eindruck, den der Mann anfangs von ihr hatte, ist dahin. Dieser Mann hatte sich in eine toughe Karrierefrau verguckt und nicht in ein handzahmes Mäuschen!

Auch wenn die ersten Dates vielversprechend verlaufen sind und der Mann sich begeistert von Ihnen zeigt: Das Spiel ist noch längst nicht gewonnen. Sich jetzt zu entspannen ist ein großer Fehler.

»Willst du gelten, mach dich selten.« Dieser Spruch ist so aktuell wie eh und je. Nur eine Frau, die nicht beliebig verfügbar ist, bleibt für einen Mann etwas Besonderes.

Nehmen wir an, Ihr Abendessen mit dem tollen Mann von der Party wurde ein richtig netter Abend. Der Mann hat sich gut amüsiert und festgestellt, dass Sie auch bei näherem Hinsehen eine spannende Frau sind, die er auf jeden Fall wieder sehen möchte. Sie beginnen, sich häufiger zu treffen. Aus Ihrem ersten Kennenlernen entspinnt sich etwas Ernsteres. Sie haben ganz offensichtlich bislang alles richtig gemacht. Wenn der Mann das Gefühl hat, es könnte sich bei Ihnen um die Frau seiner Träume handeln, wird er möglicherweise sehr anhänglich werden. Er wird sich oft bei Ihnen melden und versuchen, viel Zeit mit Ihnen zu verbringen. Schließlich hat er das Gefühl, dass er sich bei Ihnen richtig ins Zeug legen muss. Knicken Sie jetzt nicht ein. Auch wenn die ersten Dates vorüber sind, müssen Sie unter allen Umständen eine losgelöste Königin bleiben!

Wenn Sie anfangen, sich ständig mit ihm zu treffen, kann es sein, dass der Zauber sehr schnell vorbei ist. Der Mann wird merken, dass Sie in Wirklichkeit gar keine so viel beschäftigte und viel umworbene Frau sind, wie er dachte. Bleiben Sie weiterhin eine losgelöste Königin. Sie haben ein ausgefülltes Leben und dementsprechend nicht täglich Zeit, ihn zu sehen.

Auf keinen Fall deponieren Sie schon nach ein paar Wochen Ihre Sachen bei dem Mann. Außer einer Zahnbürste und ein paar Schminksachen sollte nichts von Ihnen in seiner Wohnung bleiben. Nisten Sie sich nicht bei ihm ein! Optimal ist es, wenn Sie nach einer Übernachtung bei ihm morgens vor ihm das Haus verlassen.

Wenn er bei Ihnen übernachtet, sollten Sie dafür sorgen, dass Ihre Wohnung und Ihr Bett einen ordentlichen Eindruck machen. Männer mögen gemütliche, wohlriechende Frauenbetten. Machen Sie ihm ruhig ein nettes Frühstück, wenn er aufwacht. Er soll sich schließlich wohlfühlen und gerne wiederkommen. Danach werfen Sie ihn aber raus. Sie müssen nämlich los, schließlich wartet ein strammer Tagesplan auf Sie. Auf diese Weise sind Sie es, die Ihren Treffen ein zeitliches Limit geben. Sie behalten Oberwasser. Nächte zu zweit bleiben etwas Besonderes, und Sie selbst werden nicht so schnell alltäglich.

Die meisten Männer betrachten sich erst nach einer ganzen Reihe von Treffen als Teil eines Paares. Die Phase des »lockeren« Kennenlernens kann von Fall zu Fall unterschiedlich lange dauern. Auch wenn ein Mann sich bereits regelmäßig mit einer Frau verabredet, stuft er sein Verhältnis zu ihr unter Umständen noch als unverbindlich ein. Er fühlt sich noch zu nichts verpflichtet. Die erste gemeinsam verbrachte Nacht macht für Männer aus Dates noch lange keine feste Beziehung!

Die Konsequenz dieser weitverbreiteten männlichen Denkweise ist: Auch Sie sollten die ersten Treffen mit einem Mann nur als lockere Dates einstufen. Entwerfen Sie nicht von sich aus gemeinsame Zukunftsszenarien. Binden Sie ihm nicht auf die Nase, dass Sie sich mindestens zwei Kinder wünschen, und berichten Sie ihm nicht mit leuchtenden Augen von der Hochzeit Ihrer Schwester.

Überlassen Sie dem Mann die Führung. Er muss derjenige sein, der Zeit mit Ihnen verbringen will. Er muss derjenige sein, der das erste Mal von »wir« spricht. Erst dann empfindet auch er sich als Teil einer Beziehung. Sie sind die Beute, er ist der Jäger. Genießen Sie es, gejagt zu werden, und bleiben Sie entspannt.

Einer der Hauptgründe, warum Männer Frauen in den ersten Monaten nach dem Kennenlernen wieder fallen lassen, ist, dass die Frauen zu früh Ernst machen wollten. Die erste Zeit mit einem Mann muss sich durch spielerische Leichtigkeit auszeichnen. Betrachten Sie diese Zeit als Phase des Kennenlernens und Beschnupperns. Sie wollen den Mann genauer prüfen, ob er für etwas Ernsthaftes taugt. Lassen Sie ihn in dieser Zeit aber nicht zum Mittelpunkt Ihres Lebens werden. Geben Sie Ihre eigenen Interessen nicht auf und unternehmen Sie weiterhin auch etwas mit Ihren Freundinnen. Das Dümmste, was eine Frau am Anfang einer Beziehung machen kann, ist, aktiv an ihrer Beziehung zu arbeiten. Arbeiten Sie an sich selbst, aber nicht an Ihrer Beziehung!

Die Phase des Kennenlernens sollte dadurch gekennzeichnet sein, dass der Mann sich um Sie bemüht. Er führt Sie aus, er bekocht Sie, er verwöhnt Sie. Genießen Sie es einfach. Wenn Sie merken, dass der Mann bereits nach wenigen Wochen seine Begeisterung für Sie verliert, sich nicht mehr so häufig meldet oder Verabredungen absagt, dürfen Sie keine zu großen Hoffnungen auf ihn setzen. Wenn er überzeugt ist, in Ihnen seine Herzdame gefunden zu haben, wird er Sie in der ersten Zeit auf Händen tragen.

Generell entscheidet sich in dieser Phase, ob Lebensstile, Lebensentwürfe, Ziele und Wertvorstellungen überhaupt kompatibel sind. Ist das der Fall, wird die Phase des Kennenlernens bestenfalls darin münden, dass Sie anfangen, sich aneinander zu gewöhnen. Abende zu zweit werden zu einer Selbstverständlichkeit. Miteinander heimelig zu werden ist ein wichtiger Schritt. So verrückt es klingt: Nebeneinander auf dem Sofa zu sitzen und in trauter Harmonie ein Buch zu lesen oder fernzusehen ist ein Meilenstein in einer Beziehung. Erfolgreiche Paare genießen es, einfach zusammen zu sein. Egal, ob gerade irgendetwas unternommen wird oder nicht. Man entspannt sich, das Katz-und-Maus-Spiel kommt zur Ruhe.

Als losgelöste Königin lassen Sie diese Phase jedoch nicht zu gemütlich werden! Sie kochen Ihrem Liebsten nicht alle paar Tage sein Lieblingsgericht. Ein Drei-Gänge-Menü aus Ihrer Küche gibt es nur zu besonderen Gelegenheiten, z. B. wenn er besonders lieb oder aufmerksam zu Ihnen war. Mindestens einmal die Woche lassen Sie sich von ihm zum Essen oder Tanzen ausführen. Der Mann sollte das Gefühl haben, dass er sich weiterhin um Sie bemühen muss. Ein romantischer Abend zu zweit ist nicht alltäglich, sondern ein besonderes Ereignis in der Woche.

Wenn Sie eine schlaue Königin sind, treffen Sie den Mann nicht mehr als zwei- oder dreimal die Woche! Auch wenn es unheimlich verlockend wäre, ihn ständig um sich zu haben. Unter keinen Umständen erledigen Sie die Wäsche oder gar die Hausarbeit für ihn. Schließlich sind Sie weder seine Putzfrau noch seine Mutter.

Wenn ein Mann in dieser Phase anfängt, schlecht gelaunt oder genervt zu reagieren, dann hat das in der Regel den einfachen Grund: Sie waren zu nett zu ihm.

Sie haben versucht, seine Liebe durch nette Gesten zu gewinnen. Sie haben für ihn gekocht, haben ihn bemuttert oder ihn herumkutschiert. Sie standen immer parat, wenn er anrief. Sie wollten wissen, wohin er ging, wenn er nicht mit Ihnen zusammen war. Der Mann merkt daraufhin, wie seine anfängliche Begeisterung für Sie schwindet. Die Hochgefühle der Verliebtheit machen einem Gefühl von Enge und Monotonie Platz. Von der stolzen Königin werden Sie langsam, aber stetig zur anhänglichen Klette. Was folgt ist der emotionale Rückzug des Mannes. Er bekommt ohne erkennbaren Grund schlechte Stimmung, benimmt sich launisch oder genervt.

Viele Frauen reagieren auf derartigen Liebesentzug dadurch, dass sie noch netter werden. Sie denken, sie hätten etwas falsch gemacht und versuchen, den Fehler auszubügeln. Es ist genau die falsche Reaktion. Gesteigerte Nettigkeit wirkt hilflos und bemüht. Gesteigerte Nettigkeit lädt den Mann dazu ein, sich noch genervter zu benehmen! Sie verlieren für ihn endgültig den Status der strahlenden Königin und werden zu einer Bittstellerin, die um seine Zuneigung bettelt. Und genau das lässt seine Verliebtheitsgefühle erst recht verschwinden.

Wenn Sie merken, dass der Mann emotional auf dem Rückzug ist, ist die einzig richtige Reaktion Gelassenheit. Bohren Sie nicht ängstlich nach, was denn los sei. Als Königin lassen Sie grundsätzlich Taten statt Worte sprechen. Sie sagen den nächsten gemeinsamen DVD-Abend mit dem Hinweis ab, dass ein alter Kollege auf Dienstreise in der Stadt sei, und Sie mit ihm essen gehen wollen. Sie melden sich einfach mal einen ganzen Tag nicht und sind auch nicht erreichbar. Wenn er nachfragt, was denn los gewesen sei, hatten Sie einfach viel Arbeit im Büro. Sie erinnern sich an den Yogakurs, den Sie immer schon mal machen wollten und melden sich dort direkt an. Kurz gesagt: Sie richten Ihre Energie wieder auf sich. Statt sich auf den Mann zu konzentrieren, besinnen Sie sich darauf, dass Sie der strahlende Mittelpunkt Ihres eigenen Lebens sind!

Auf diese Weise kann es gelingen, das Blatt noch mal zu wenden. Der Mann, der angefangen hat, sich zu entlieben, bekommt wieder Luft zum Atmen. Er merkt, dass er sich getäuscht hat. Sie sind doch keine anhängliche Klette, kommen auch ohne ihn klar und lassen ihm seine Freiräume. Mit etwas Glück erkennt er in Ihnen die losgelöste, stolze Königin wieder, in die er sich einmal verliebt hat.

Die feste Beziehung

Jemanden lieben bedeutet, sich verbindlich für eine Beziehung zu entscheiden. Erfolgreiche Paare werden nach einer Weile enge Vertraute und Verbündete. Der Mann hört auf, andere Frauen zu daten. Er hört auf, ohne seine Partnerin einschlägige Szene-Locations zu besuchen. Er trifft sich mit seinen Freunden weiterhin auf ein paar Drinks, aber nicht mehr, um mit ihnen auf die Jagd nach Frauen zu gehen. Was gilt es zu beachten, wenn ein Mann sich als gute Wahl entpuppt hat, und aus der Beziehung eine verbindliche Partnerschaft geworden ist?

Regel Nummer vier

Die wichtigste Voraussetzung für eine lange, glückliche Beziehung ist, dass wir die Entscheidungsfreiheit über unser Leben in der Hand behalten.

Eine Herausforderung bleiben!

Spätestens nach drei oder vier Monaten, in denen wir uns regelmäßig mit einem Mann zu romantischen Dates getroffen haben, sollte das Zusammensein verbindlich geworden sein. Betrachtet ein Mann die Beziehung nach dieser Zeit immer noch als unverbindlich, ist es eher unwahrscheinlich, dass er irgendwann Absichten hegen wird, eine Frau auch zu heiraten.

In diesem Fall gilt es, mit dem Mann zu reden und die Beziehung notfalls auch zu beenden. Leichter gesagt als getan, einen Schlussstrich zu ziehen erfordert Mut. Dieser Schritt kann sich aber auszahlen. Wer konsequent handelt, gewinnt in den Augen des Mannes an Wert. Nicht unwahrscheinlich, dass er in solch einem Moment erkennt, was er an seiner Partnerin hatte. Er merkt, dass sie die Macht hat, auf ihn zu verzichten. Endlich sieht er in ihr das, was sie ist: eine stolze, losgelöste Königin. »Glück ist etwas, das man zum ersten Mal wahrnimmt, wenn es sich mit großem Getöse verabschiedet«, stellte der französische Dramatiker Marcel Achard fest.

Wer es mit einem Mann zu tun hat, der nicht bereit ist, sich fest zu binden, sollte sich sowohl von einer Beziehung als auch einer Affäre mit ihm verabschieden. Stattdessen kann sich die sogenannte Lauterstellung anbieten. Bei dieser Taktik behalten wir den Mann als guten Bekannten im Auge und schlagen gegebenenfalls zu einem späteren Zeitpunkt zu. Eine kluge Königin richtet ihre kostbare Zeit und Energie nur auf Männer, die potenziell als Heiratskandidaten taugen.

Nehmen wir an, genau das ist eingetreten, ein Mann

hat sich als gute Wahl entpuppt, und aus einer Beziehung ist eine verbindliche Partnerschaft geworden. Auch dann muss es unser Ziel bleiben, uns ein gewisses Maß an Unabhängigkeit zu bewahren. Äußere Unabhängigkeit bedeutet, eigene Interessen zu haben, eigene Freunde und vor allem: ein eigenes Einkommen.

Die Höhe ist nicht das Entscheidende. Auch ein kleines Einkommen versetzt uns in die Lage, jederzeit die Koffer packen zu können. Auch ein Mann, der seiner Frau jeden Luxus der Welt bieten kann, möchte keine Frau zu Hause haben, die ihm einfach nur auf der Tasche liegt. Eine Frau, die darauf angewiesen ist, dass sie finanziell unterstützt wird, verliert früher oder später ihren Reiz. Sie mag so toll aussehen und so gut drauf sein, wie sie will – sie wird zu einem Klotz am Bein. Ein Mann will eine Königin zur Frau, keine Bittstellerin. Wenn Sie mit Ihrem Partner zusammen wohnen, übernehmen Sie wenigstens die Kosten für das Essen oder die Putzfrau. Fordern Sie seine finanzielle Unterstützung nicht wie selbstverständlich ein. Nur dann wird er sie Ihnen auch gerne geben. Sie werden sehen, Ihr Mann wird Sie mit Genuss verwöhnen, aber nur, wenn er merkt, dass Sie nicht darauf angewiesen sind. Nur dann sind Sie es wirklich wert, verwöhnt zu werden. Nur dann sind Sie für ihn eine Herausforderung, und er genießt es, mit Geschenken und Annehmlichkeiten um Sie zu werben.

Äußerst unklug ist es, wenn Frauen Ihrem Partner zuliebe in ihren beruflichen Ambitionen zurückstecken. Oft verzichten Frauen auf eigene Karriereschritte oder geben aussichtsreiche Jobs auf, um Rücksicht auf die beruflichen Pläne ihres Freundes zu nehmen. Sobald wir unsere eigenen Wünsche und Interessen opfern, um dadurch die Liebe eines Mannes zu gewinnen, geben wir einen Teil von uns selbst auf und laufen damit Gefahr, unsere ganz eigene, unverwechselbare Identität einzubüßen. Irgendwann stellen wir dann mit Erschrecken fest, dass von unseren eigenen Träumen nicht viel übrig geblieben ist.

Möchte Ihr Freund, dass Sie zugunsten seiner Karriere bei Ihren eigenen Zielen zurückstecken, dann sollten Sie sich nur darauf einlassen, wenn Sie bereits verheiratet oder wenigstens verlobt sind. Nur dann ist Ihre Beziehung wirklich verbindlich. Nur dann ist seine Karriere in gewisser Weise auch die Ihre. Beziehungen können scheitern. Wer seine eigenen Zukunftsaussichten einem Mann geopfert hat, ohne verheiratet gewesen zu sein, wird sich dann ganz besonders ärgern.

Wenn Sie einen Beruf haben, der Sie ausfüllt, hat das einen weiteren Vorteil. Sie sind dann für Ihren Mann nicht ständig greifbar. Während Ihrer Arbeitszeit entziehen Sie sich seinem Einfluss. Sie machen Dinge und haben mit Leuten zu tun, von denen er nichts weiß. Nicht nur Erfolg macht sexy. Auch Beschäftigtsein macht sexy! Sorgen Sie dafür, dass nicht alle Ihre Aktivitäten gemeinsam mit Ihrem Partner stattfinden. Unternehmen Sie auch mal etwas mit Ihrem eigenen Kreis von Freundinnen oder Freunden. Wenn Sie öfters auf dem Sprung sind, demonstrieren Sie, dass Sie eine gefragte Frau sind. Sie bleiben für den Mann die Königin, in die er sich einmal verliebt hat.

Innere Unabhängigkeit bedeutet, dass Sie eine freie und zufriedene Person sind. Sie sind in der Lage, notfalls auch alleine Ihr Lebensglück zu finden. Die emotionale Freiheit und Gelassenheit, die Sie dadurch ausstrahlen, machen Sie unglaublich attraktiv! Der Mann spürt, dass er sich glücklich schätzen kann, dass Sie sich gerade für ihn entschieden haben.

Profi-Königinnen empfehlen: Ein Mann sollte sich niemals zu hundert Prozent der Zuneigung seiner Partnerin gewiss sein. Dieser Rat mag seltsam erscheinen. Eine Beziehung dient schließlich dazu, sich geborgen und sicher zu fühlen. Vertrauen, Sicherheit und Offenheit sind das Wesen der Liebe. Die Liebe ist jedoch auch ein Spiel. Als erfolgreiche Spielerin in der Liebe bewahren Sie sich immer eine gewisse Aura der Unabhängigkeit. Auch wenn es nie dazu kommt, diese Unabhängigkeit tatsächlich auszuleben. Ihr Mann wird ahnen, dass es theoretisch in Ihrer Macht stünde, es zu tun. Er kann sich dadurch niemals vollständig entspannt zurücklehnen und Sie als selbstverständlich ansehen.

Die leichte Ahnung, dass Sie auch ohne ihn gut zurechtkämen, ist ein unglaubliches Aphrodisiakum für ihn. Diese Ahnung schürt Unsicherheit. Unsicherheit wiederum bedeutet Aufregung, und Aufregung erzeugt Gefühle der Liebe. Der Mann wird danach streben, Sie vollständig zu besitzen! Friedrich Schiller schreibt in seinem dramatischen Gedicht »Don Carlos, Infant von Spanien«: »Liebe kennt allein, der ohne Hoffnung liebt.« In diesem Satz steckt viel Wahres.

Wir sprechen hier nur von einer leichten Ahnung. Das bedeutet nicht, dass Sie dem Mann an Ihrer Seite aktiv das Gefühl vermitteln, dass er sich Ihrer Zuneigung nicht gewiss sein kann. Gemeint sind subtile Hinweise oder Andeutungen, die Ihnen eine Aura der Unabhängigkeit verleihen. Sie leben diese Unabhängigkeit natürlich nicht wirklich aus.

Beispielsweise kann Ihr Mann beobachten, dass auch andere Männer Interesse an Ihnen haben. Nicht dass Sie in seiner Gegenwart flirten würden – das wäre eine Beleidigung für ihn. Nein, aber er merkt, dass es Männer gibt, die positiv und zugeneigt auf Sie reagieren. Vielleicht haben Sie ein paar alte Freunde aus Studienzeiten oder vom Sportverein, die ab und zu anrufen. Einmal pro Woche treffen Sie sich mit Ihren Freundinnen zum Golfen – wer weiß, was für tolle Männer dort auf dem Platz unterwegs sind?

Vielleicht haben Sie Ihrem Mann irgendwann einmal von einem Exfreund erzählt und erwähnt, dass er lange versucht hat, Sie zurück zu gewinnen. Ihr Mann ist natürlich neugierig geworden, hat diesen Namen gegoogelt und festgestellt, dass es sich um einen ziemlich attraktiven Kerl handelt. Achtung: Sie haben die Anhänglichkeit Ihres Exfreundes beiläufig erwähnt. Sie haben nicht offensichtlich damit angegeben, um sich gut dastehen zu lassen.

Solche Hinweise und Andeutungen erzeugen Spannung. Ihr Mann wird sich Gedanken über Sie machen. Begehrenswert zu sein ist eine soziale Illusion. Hüllen Sie sich in den Mythos einer viel umworbenen Frau. Auf diese Weise erschaffen Sie sich Ihr eigenes Image. »Die Phantasie des Mannes ist die beste Waffe der Frau«, hat die Schauspielerin Sophia Loren einmal gesagt. Auf diese Weise bleiben Sie für den Mann an Ihrer Seite eine Herausforderung. Herausforderungen geben unserem Leben Würze und machen es lebenswert.

Ihr Mann wird Ihnen sogar dankbar sein, wenn Sie es schaffen, für ihn eine Herausforderung zu bleiben. So verrückt es klingt, es ist eine Erleichterung für ihn. Er muss dann nicht mehr seine Energie darauf verschwenden, anderen Frauen hinterherzuschauen. Er kann sich ganz auf Sie konzentrieren. Die Zeiten des mühsamen Jagens, der rastlosen Suche nach Herausforderung und Nervenkitzel haben endlich ein Ende.

Wünschen nicht auch wir Frauen uns einen Partner, der uns fordert? Wir wollen einen Mann, für den es sich lohnt, im Fitnessstudio auf dem Laufband zu schwitzen. Einen Mann, für den wir nicht nur die Bunte, sondern auch mal den Spiegel lesen müssen. Sich für jemanden ins Zeug zu legen, macht Spaß – es ist eine Aufgabe und gibt unserem

Leben Sinn. Ein Mann, für den wir uns nicht mehr anstrengen müssen, ist uninteressant.

Wenn Sie es schaffen, die königliche Aura der Unabhängigkeit zu wahren, wird jeder Tag, den Ihr Mann mit Ihnen verbringen darf, ein kleiner Sieg für ihn sein. Männer wünschen sich eine Trophäe zur Frau. Als losgelöste Königin sind Sie sein absoluter Hauptgewinn!

Königliche Beispiele

Konstanze ist fünfunddreißig und selbstständige Anwältin in München. Konstanze fällt jedem Mann durch ihre blonden, langen Haare sofort auf. Vertraute wissen, dass ihre Engelshaare in Wirklichkeit gefärbt sind, aber egal – sie sind ein echter Blickfang. Wer Konstanze trifft, merkt jedoch gleich, dass hier kein unschuldiger Engel vor ihm steht, sondern eine junge Frau, die sehr genau weiß, was sie will. Als Anwältin hat Konstanze eine selbstbewusste Art und weiß sich gut zu verkaufen. Ihr Vater war Richter, und Konstanze pflegte von klein auf die Hobbys einer Tochter aus »gutem Hause«. Reiten und Fechten gehörten dazu. Und so war es auch von jeher ihr Anspruch, einen Mann aus bestem Hause als Ehemann zu gewinnen. Ski fahren in Lech und Sommerurlaube im Robinsonclub sollten schon drin sein, auf Kosten des Mannes natürlich.

Vor drei Jahren hat Konstanze Klaus kennengelernt. Klaus ist ein vierzigjähriger Immobilienfachwirt, seinem Vater gehört ein erfolgreiches Bauunternehmen. Um seine Finanzen muss Klaus sich also keine Sorgen machen. Klaus war schon einmal verheiratet, das ist allerdings lange her. Im Vergleich zu Konstanze ist er relativ zurückhaltend – eher ein introvertierter Typ. Sympathisch, aber still. Die beiden sind seit einem Jahr verheiratet, vor kurzem kam ihre gemeinsame Tochter zur Welt.

Konstanze ist für Klaus die perfekte Königin. Warum? Sie gibt seinem Leben den Kick, der ihm fehlte. Sie sorgt für Schwung, sie sorgt für Action. Sie nimmt Klaus mit auf angesagte Szenepartys, auf denen er vorher nie war. Sie passt bestens in sein soziales Umfeld, weiß sich zu benehmen und schick und teuer anzuziehen. Zudem verfügt sie über einen eigenen Kreis von interessanten Freunden. Sie bringt also einen Freundeskreis mit, in dem auch Klaus sich wohlfühlt. Sie ist eine Antriebsfeder für ihn, sie ist die Königin, die voranschreitet. Klaus weiß genau, dass Konstanze auch Chancen bei den coolen Typen der Münchener Schickeria hätte. Aber sie hat sich für ihn entschieden, und das macht ihn stolz.

Auch Konstanze weiß sehr genau, warum sie sich Klaus als Mann an ihrer Seite ausgesucht hat. Klaus mag nicht der wortgewandteste Kerl der Stadt sein. Aber er hat eine starke Schulter zum Anlehnen, ist warmherzig, treu und gibt ihr das Gefühl von Sicherheit, das ihr vorher fehlte. Sie führt ein Leben, das sie sich immer vorgestellt hat, in einem großen Haus am Starnberger See und mit einem Mann neben sich, der sie liebt. Ihre Unabhängigkeit hat sie trotzdem nie aufgegeben. Sie arbeitet weiterhin als Anwältin, hat eigene Kontakte und feiert eigene Erfolge. Klaus liebt sie dafür und liest ihr jeden Wunsch von den Augen ab.

Laura ist achtundzwanzig und hat vor kurzem Olaf geheiratet. Die beiden kennen sich seit Schulzeiten und waren als sechzehnjährige schon mal ein Pärchen. Olaf stammt aus einer vermögenden Hamburger Arztfamilie, Lauras Vater ist Lehrer. Während der Studienzeit lebten die beiden sich allerdings auseinander. Während Olaf nach London ging, blieb Laura in Hamburg. Man verlor sich aus den Augen. Nun ist Olaf erfolgreicher Neurologe an der Hamburger Uniklinik. Laura hat sich durch ein zähes Soziologie-Studium gebissen, das ihr am Ende keinen Job bescherte. Sie sattelte daraufhin zur Speditionskauffrau um und hat einen Job in einer Hamburger Reederei ergattert. Seit zwei Jahren sind die beiden wieder zusammen und haben kürzlich geheiratet. Keine andere

Frau konnte Olaf so von sich einnehmen wie seine Laura. Laura ist die perfekte Frau für ihn. Warum?

Laura ist nicht besonders hübsch, aber sie hat ein sehr angenehmes, einnehmendes Wesen und schöne, aufmerksame Augen. Durch ihre bulgarischen Wurzeln hat sie optisch etwas Spezielles an sich. Sie verfügt über eine große Portion Humor und schafft es locker, mit ihren Geschichten eine ganze Tischrunde zu unterhalten. Neben Olaf wirkt sie jederzeit gleichrangig. Dass er als Arzt viel mehr verdient als sie, ist ihr egal. Laura ist klug und hat es trotz des Misserfolgs mit ihrem Studium geschafft, immer den Kopf über Wasser zu halten. Sie hat bewiesen, dass sie im Leben auch ohne männliche Hilfe zurechtkommt. Jeder findet, dass sie eine tolle Frau ist. Eine Frau, mit der man Pferde stehlen kann, kein stilles Mäuschen. Eine, mit der man auch mal einen über den Durst trinken kann.

Laura hat Geschmack und versteht es, sich schick anzuziehen, wenn es erwünscht ist. Olaf weiß, dass man sie auf einen feinen Hamburger Ball mitnehmen kann, aber auch zum Trekking nach Norwegen. Die anderen Frauen, die Olaf in der Zeit ohne Laura kennengelernt hat, erscheinen ihm verglichen mit ihr im Nachhinein farblos. Da waren einige sehr hübsche blonde Hamburgerinnen dabei. Aber die waren entweder sehr affektiert oder sie himmelten ihn an, weil er ihnen der perfekte Ernährer und Familienvater zu sein schien. Laura hingegen behandelt ihn wie eh und je. Sie wusste ja immer, dass er aus bestem Hause kommt. Weder sein Gehalt noch sein neuer BMW beeindrucken sie sonderlich. Sie hat ihn schließlich schon gekannt, als er noch mit zerrissenen Jeans und Zahnspange im Mund in die Schule kam.

Für welche Eigenschaften sind Konstanze und Laura nun von ihren Männern geheiratet worden?

- Sie haben eigene Ziele und Wünsche im Leben und verlassen sich in erster Linie auf sich selbst und nicht auf einen Mann.

- Sie besitzen eine eigenständige Persönlichkeit, die sich von der Masse abhebt, und haben es nicht nötig, sich hinter ihrem Mann zu verstecken.

- Sie sind mit dem Status quo ihres Lebens zufrieden und verfolgen ihre Ziele unabhängig davon, ob gerade ein Mann an ihrer Seite ist oder nicht.

- Sie lehnen sich nicht zurück, wenn sie einen Partner gefunden haben, sondern wahren immer ein gewisses Maß an Eigenständigkeit.

- Sie haben auf den richtigen Mr. Right gesetzt, nachdem sie durchschaut hatten, wer der passende Partner für sie ist.

Die Klugheit der Königin

Im Märchen rettet der Prinz seine Prinzessin aus dem verwunschenen Schloss. Mit dem wirklichen Leben hat das nichts zu tun. Die Idee, dass irgendwo ein Mann darauf wartet, eine Frau zu retten, kann man sich getrost aus dem Kopf schlagen. Aber das ist nicht schlimm, denn wir Frauen können uns ganz gut selbst befreien, und dann warten sogar viele nette Prinzen darauf, uns auf ihrem Ross mitzunehmen.

Liebe bedeutet Zuneigung, Vertrauen und Sicherheit – aber die Liebe ist und bleibt auch immer ein Spiel. Wenn wir in diesem Spiel den Durchblick behalten und einen nüchternen Blick auf den Stand unserer Beziehung werfen, sind wir Gestalterinnen auf dem Schauplatz der Liebe. Und wissen: Die Kunst, den Richtigen zu finden, erfordert Klugheit!

Als kluge Königin wissen Sie, dass Sie nicht für jeden Mann die Herzdame sein können. So königlich Ihr Wesen auch sein mag, so strahlend schön und liebreizend Sie sein mögen – es wird Ihnen nicht gelingen, jeden Mann von sich einzunehmen.

Ob ein Mann tiefe Zuneigung für eine Frau empfindet, hängt zu einem großen Teil auch von Faktoren ab, die außerhalb ihres Einflussbereiches liegen. Ein Mann wird schon in frühester Kindheit durch seine Mutter darauf konditioniert, bestimmte Wesenszüge an einer Frau attraktiv zu finden. Er gewöhnt sich an Attribute, die er auch später bei jeder Frau an seiner Seite suchen wird. Nicht nur seine Mutter, auch die Liebesbeziehungen seiner Vergangenheit haben Einfluss darauf, was er von der Frau an seiner Seite erwartet.

Nehmen wir an, Ihr potenzieller Mr. Right hat eine sehr dominante Mutter. Eine willensstarke Dame, die in der Familie stets das letzte Wort hatte. Was heißt das nun mit Blick auf seine Partnerwahl? Es gibt zwei Möglichkeiten. Die erste ist: Der Mann hat ein gutes Verhältnis zu seiner Mutter und bewundert ihre zupackende Art. In diesem Fall wird er sich eine Partnerin wünschen, die seiner Mutter ähnelt und ähnlich dominant ist wie sie. Die zweite Möglichkeit: Er fühlt sich von seiner Mutter eher erdrückt. Mit der Zeit lernt er, dass er eine Partnerin braucht, die ihm Luft zum Atmen lässt. Folglich wird er nach einer Frau Ausschau halten, die etwas weniger resolut und bestimmend ist.

Aus den familiären Strukturen eines Mr. Rights lassen sich wichtige Schlussfolgerungen in Bezug auf seine Wünsche und Erwartungen ziehen. In ihnen können wir oft erkennen, ob wir wirklich die richtige Frau für ihn sind. Und schon daher gilt es, bei den ersten Dates mit einem Mann genau hinzuhören und soviele Informationen über ihn zu sammeln wie möglich. Viele Männer verraten in dieser Phase aufschlussreiche Details über ihre Meinung zum Leben und zur Liebe. Hören Sie genau zu und bleiben Sie ehrlich zu sich selbst: Männer meinen, was sie sagen.

Generell gilt:
Eine kluge Königin hängt ihr Herz nur an einen Mann, wenn sie gute Chancen sieht, dass dieser Mann seine Königin in ihr erkennen wird. Und das verlangt eine realistische Selbsteinschätzung und eine gesunde Portion Menschenkenntnis. Die Wahl des richtigen Mannes wird nur mit Klugheit gelingen!

Als kluge Königin wissen Sie, dass Ihr Leben angenehmer verlaufen wird, wenn Sie es mit einem Mann verbringen, der in Ihnen seine Königin sieht. Vielleicht kommt nicht so viel Spannung auf, wie Sie es in früheren Liebesbeziehungen gewohnt waren. Mit diesem Mann werden Sie schließlich keine Gefühle der unerfüllten Sehnsucht erleben. Und auch der Aspekt des Leidens fällt weg. Aber seien wir mal ehrlich: Hatten die Männer, für die wir solche Empfindungen aufgebracht haben, jemals die Absicht, uns zu heiraten? In der Regel nicht.

Der Mann, der in Ihnen seine Königin erkennt, wird Ihnen treu sein, und er wird Ihnen Sicherheit und Stabilität bieten. Es bestehen zudem gute Chancen, dass er auch in Zeiten zu Ihnen halten wird, in denen es Ihnen nicht so gut geht. In jedem Leben gibt es Sonnen- und Regentage. Eine kluge Königin wählt den richtigen Mann aus. Und das ist einer, der für jede Wetterlage taugt.

Er steht einfach nicht auf dich

Eine kluge Königin beherrscht die Kunst des Datings. Und dafür gilt eine sehr einfache Grundregel: Wenn sich ein Mann nach einem Date tage- oder wochenlang nicht meldet, liegt das nicht daran, dass er sein Handy verloren hat. Ein Mann, der Interesse an einer Frau hat, wird es immer schaffen, sich bei ihr zu melden. Auch dann, wenn er unglaublich viel Stress im Büro hat. Auch dann, wenn überraschend Besuch aus Amerika eingetroffen ist. Wir leben im Zeitalter der totalen medialen Vernetzung – das Schreiben einer SMS oder E-Mail dauert keine volle Minute. Wenn ein Mann dafür keine Zeit findet, dann heißt das, dass er dafür keine Zeit finden will. Er will sich nicht melden.

Wenn ein Mann dann sagt, dass er viel zu tun hat, dass er seine letzte Beziehung noch nicht verarbeitet hat, dass er im Moment nur eine Freundschaft und keine feste Freundin sucht, dann sind das grundsätzlich Ausreden, die gebraucht werden, um einen Satz nicht aussprechen zu müssen: »Ich stehe einfach nicht so besonders auf dich.«

Nehmen Sie einen Mann nicht auch noch in Schutz, wenn er die verrücktesten Erklärungen dafür auftischt, dass er sich nicht gemeldet hat. Denken Sie sich keine Ausreden für sein Verhalten aus. Auch wenn ein Mann schüchtern oder verwirrt ist, ist er in der Lage, sein Handy zu bedienen. Akzeptieren Sie einfach die Wahrheit: Ein Mann, der Sie will, wird Ihnen durch sein Verhalten zeigen, dass er Sie will. Männer sind von Natur aus Jäger, sie holen sich die Frau, die sie wollen, und lassen sich auch nicht so leicht abschütteln. Aus dem Verhalten eines Mannes werden Sie mit gesundem Menschenverstand jederzeit ablesen können, wie wichtig Sie ihm sind.

Fragt man Männer, warum sie eine Frau nach einem oder mehreren Treffen nicht mehr angerufen haben, ist eine der häufigsten Antworten: »Die Chemie hat nicht gestimmt.« Viele sagen, dass mit der Frau, die sie getroffen haben, im Grunde nichts verkehrt war. Für einen anderen Mann wäre diese Frau vielleicht perfekt – nur für sie selbst halt nicht.

Bestimmte Erwartungen oder Eindrücke, die dieser Mann bei den ersten Treffen hatte, haben sich bei den folgenden Treffen nicht bestätigt. Es besteht keinerlei Grund, sein nachlassendes Interesse persönlich zu nehmen. Niemand kann für jeden Mann die Herzdame sein. Solche Dates sollte man einfach als bereichernde Erfahrung betrachten, denn nicht nur die guten, auch die schlechten Rendezvous können im Spiel der Liebe sehr lehrreich sein.

Wenn es sich um einen Mann handelt, den Sie schon länger kennen oder der vielleicht aus Ihrem Freundeskreis stammt, dann sollten Sie auf jeden Fall gelassen mit seinem mangelnden Interesse umgehen. Wenn Sie den Kerl interessant finden, dann behalten Sie ihn als guten Bekannten im Auge. Es kommt nicht selten vor, dass sich im Laufe der Zeit die Gefühle von zwei Menschen füreinander ändern, zumal jeder Mensch das Potenzial hat, sich weiterzuentwickeln.

Rückschläge meistern

Generell gilt es, auch bei Niederlagen in der Liebe klug und gelassen vorzugehen. Nehmen wir an, Sie sind seit einem Monat mit einem Mann zusammen. An einem Abend in seiner Wohnung teilt er Ihnen mit, dass Ihre Beziehung doch nicht das sei, was er sich vorgestellt habe. Er macht Schluss.

Wenn Sie dem Mann jetzt eine Szene machen oder ihn mit Vorwürfen überschütten, begeben Sie sich in die Rolle des Opfers. Sie outen sich als schwach und hilflos. »Mit Wut und Kränkungen gewinnt man keine Kriege«, schreibt die Autorin Harriet Rubin in ihrem Bestseller »Machiavelli für Frauen«. Vordergründig gibt es in dieser Situation zwar einen Handelnden und ein Opfer, aber zum Opfer wird hier nur, wer diese Rolle auch annimmt, sich gekränkt zurückzieht und leidet.

Als kluge Königin wahren Sie dagegen Haltung. Sie machen dem Mann keine Szene. Sie schreien ihn nicht an, Sie betteln nicht, dass er es sich doch noch mal überlegen möge. Sie hören sich ruhig an, was er Ihnen zu sagen hat. Natürlich fragen Sie ihn nach den Gründen für seine Entscheidung. Vielleicht sagen Sie ihm, dass Sie überrascht und enttäuscht sind. Aber Sie sagen es ruhig. Dann suchen Sie Ihre Sachen zusammen und gehen.

Wenn wir unserem Gegner in der Schlacht der Liebe den Rücken kehren, wenn wir einen Schlussstrich unter eine Beziehung ziehen, die zu nichts führt, dann zeugt das von Macht. »There's no greater power than the power of good-bye«, stellt Madonna in einem ihrer Songs fest. Wir zeigen unserem ehemaligen Partner damit unsere Verachtung für sein Verhalten. Wir zeigen ihm, dass er es nicht wert ist, ihm hinterherzutrauern. Wir entlarven sein Verhalten als armselig und ignorieren die Kränkung, die er uns zugefügt hat. »Eine stolz getragene Niederlage ist auch ein Sieg«, sagt dazu Marie von Ebner-Eschenbach.

Obgleich Sie in der eben beschriebenen Situation ganz offensichtlich eine Niederlage erlitten haben, gehen Sie durch Ihr Verhalten doch als Siegerin aus der Schlacht hervor. Der Mann wird über Ihre gefasste Reaktion erstaunt sein. Er hatte sich auf Tränen oder Vorwürfe eingestellt, beides bleibt aus. Offensichtlich akzeptieren Sie seine Entscheidung so, wie sie ist.

Bereits wenn die Tür hinter Ihnen ins Schloss gefallen ist, wird der Mann das Gefühl bekommen, dass er eine große Dummheit begangen hat. Soeben hat nämlich eine stolze Königin seine Wohnung verlassen!

Eine kluge Königin weiß, dass es keine bessere Rache gibt, als seinen Gegner zu ignorieren. Wenn wir eine Kränkung oder Unhöflichkeit ignorieren, indem wir nicht emotional auf sie reagieren, machen wir sie quasi unwirksam. Wir nehmen unserem Gegner dadurch die Möglichkeit, auf uns einzuwirken. Dieses Verhalten kann Teil eines Verführungsprozesses sein. Sie können Ihren Gegner damit in den Wahnsinn treiben. Er wird danach streben, Sie zu besitzen.

Die Macht des Ignorierens ist nicht nur bei Niederlagen in der Liebe, sondern auch im generellen Umgang mit Männern eine wirkungsvolle Waffe. Wenn Sie sich mit einem Mann in der Phase des Kennenlernens befinden, sollten Sie als kluge Königin von jeder Art von Vorwürfen absehen!

Fängt der Mann an, sich Ihnen gegenüber nachlässig zu benehmen, ist es verschwendete Liebesmühe, ihm Vorwürfe zu machen. Erstens ist Ihre Beziehung in dieser Phase noch mehr oder weniger unverbindlich, d. h. Sie haben kein Recht, von ihm irgendein Verhalten einzufordern. Zweitens schenken Sie seinem schlechten Benehmen Bedeutsamkeit, indem Sie emotional darauf reagieren. Durch Ihre emotionale Reaktion merkt der Mann, dass er Sie in der Hand hat. Sie haben ganz offensichtlich Gefühle für ihn. Er kann sich in Sicherheit wiegen. Egal wie er sich jetzt verhält, Sie bleiben am Ball, weil Sie ihn mögen.

Das gleiche gilt, wenn Sie in Ihrer Beziehung anfangen, am Verhalten des Mannes herumzunörgeln. Sie werden ihn dadurch nicht dazu bringen, sein Verhalten zu ändern. Der Mann merkt nämlich auch hier, dass er Sie in der Hand hat. Sie nörgeln, aber Sie handeln nicht. Er wird keinen ernsthaften Gedanken darauf verschwenden, sein Verhalten zu ändern.

Durch emotionale Reaktionen, seien es Vorwürfe oder Nörgeleien, geraten wir in eine Position der Schwäche. Wir nehmen eine reagierende Rolle ein, statt aktiv zu sein. Diese Position der Schwäche gilt es zu vermeiden. Männer reagieren auf Taten, nicht auf Worte! Durch Worte wird es Ihnen nicht gelingen, den Gemütszustand eines Mannes substanziell zu erschüttern. Nur durch starke Emotionen lassen wir Menschen uns dazu bewegen, wirklich etwas an unserem Verhalten zu ändern. Worte haben aber nur selten die Macht, bei einem Mann starke Emotionen hervorzurufen. Vermeiden Sie also Vorwürfe und Nörgeleien. Lassen Sie Taten sprechen. Zu schweigen ist übrigens auch eine Tat!

Wenn ein Mann Sie versetzt, verabreden Sie sich das nächste Mal mit einem anderen. Wenn ein Mann Sie nach einem Date nicht mehr angerufen hat und Sie ihn durch Zufall auf einer Party wiedersehen, verzichten Sie auf einen vorwurfsvollen Kommentar. Stattdessen tun Sie so, als wäre nichts gewesen, halten einen kurzen Small Talk und lassen ihn dann stehen. Wenn Sie den Mann, den Sie daten, auf der Straße mit einer anderen Frau treffen, lächeln Sie freundlich und gehen weiter. Wenn ein Mann gemein zu Ihnen ist, sagen Sie ihm, dass er ein Arschloch ist und verlassen seine Wohnung. Statt ihm tränenüberströmt eine Szene zu machen. Anrufe oder SMS, die von Wut, Zynismus oder Enttäuschung zeugen, tragen in der Kennenlernphase nur dazu bei, die eigene Position gegenüber einem Mann zu schwächen. Sie führen zu nichts. Bereits eine einzige zynische oder enttäuschte SMS kann eine Frau den Status als strahlende Königin kosten! So schwierig es auch ist, wer gelassen mit Kränkungen umgeht und Taten sprechen lässt statt Worte, liegt richtig. Der Mann wird überrascht und beeindruckt sein.

Eine kluge Königin verfügt über die Fähigkeit, ihre Emotionen bis zu einem gewissen Grad zu kontrollieren. Das heißt nicht, dass Sie ein gefühlloser Mensch werden sollen. Im Umgang mit Männern ist es aber oft schlau, sich nicht von spontanen Gefühlsregungen davontragen zu lassen. Wenn Ihre Gefühle Ihnen sagen, dass Sie unheimliche Sehnsucht nach Ihrem Liebsten haben, dann greifen Sie nicht sofort zum Telefonhörer, um ihm das mitzuteilen. Stattdessen halten Sie kurz inne und denken an die königlichen Prinzipien. Dann wird Ihnen nämlich einfallen, dass Sie ihn bereits vor ein paar Stunden angerufen haben – und es eigentlich höchste Zeit für eine kleine Funkstille ist!

Männer wollen gelobt werden

Männer fühlen sich wohl, wenn sie sich durch ihr Wissen beweisen können. Das gibt ihnen ein Gefühl von Stärke und Sicherheit. Ein Mann wünscht sich zwar eine Frau, die ihm selbstbewusst und auf Augenhöhe gegenübersteht, schlauer als er selbst sollte sie aber nicht unbedingt sein. In Anwesenheit dritter Personen dürfen Sie Ihrem Partner deshalb nie in den Rücken fallen! Auch wenn er etwas erzählt, was Sie nicht für richtig halten, bleiben Sie diplomatisch. Sie können ihm später immer noch unter vier Augen sagen, dass Sie anderer Meinung sind. In der Öffentlichkeit sollten Sie ihm helfen, als ganzer Mann dastehen zu können. Das ist kein Zeichen von Schwäche, sondern ein Beweis Ihrer Liebe.

In manchen Situationen ist es schlau, einen Mann einfach mal reden zu lassen. Zum Beispiel dann, wenn es um ein Thema geht, in dem er sich besonders gut auskennt. Statt ihm mit eigenem Wissen ins Wort zu fallen, lauschen Sie einfach aufmerksam seinen Ausführungen. Sie schmeicheln damit seinem Ego. Sie zollen ihm Anerkennung, ohne sich selbst dabei kleinzumachen. Denken Sie an das Lied von Barbara Schöneberger: »Männer muss man loben.«

Auch das Gefühl, männlich zu sein, ist für einen Mann unheimlich wichtig. Ein Mann will für seine Männlichkeit geschätzt und geliebt werden. Geben Sie ihm also Gelegenheiten, sich männlich zu fühlen. Bei solchen Gelegenheiten dürfen Sie ihn durchaus spüren lassen, dass Sie ihn brauchen. Solange Sie für ihn eine losgelöste Königin sind, fällt Ihnen dabei kein Zacken aus der Krone. Sie brauchen ihn nicht zum Überleben, aber seine Männlichkeit wissen Sie zu schätzen.

Lassen Sie sich also von Ihrem Liebsten in den Mantel helfen. Lassen Sie ihn die tote Maus aus der Garage entfernen und die Lampe in der Küche reparieren. Nehmen Sie seine Hilfe beim Kauf eines neuen Fahrrads in Anspruch. Loben Sie ihn für seine gut trainierten Bizeps und jubeln Sie ihm zu, wenn er beim Fußball ein Tor schießt. Zollen Sie ihm ehrliche Anerkennung für seine männlichen Taten. Männer brauchen Streicheleinheiten für ihr Ego.

Das höchste Glück für einen Mann ist es, wenn er beweisen kann, dass er ein toller Kerl ist, und Frauen daraufhin tatsächlich einen tollen Kerl in ihm erkennen. Männer lieben Herausforderungen. Fast alle Männer besitzen zudem einen ausgeprägten Rettungs- und Beschützerinstinkt Frauen und Kindern gegenüber. Bestätigen Sie diesen Instinkt, indem Sie ihn benötigen. Wichtig ist, dass Sie dabei immer ehrlich und glaubwürdig bleiben.

Männer empfinden bei Frauen eine Mischung aus selbstbewusstem Auftreten und einer Spur Hilfsbedürftigkeit ausgesprochen anziehend. Dieser Funke Hilfsbedürftigkeit steht für Weiblichkeit. Frauen, die ausstrahlen, dass sie in allen Lebensbereichen bestens auf männliche Hilfe verzichten können, wirken eher abschreckend. Solchen Frauen fehlt das Fünkchen Weiblichkeit, das den männlichen Beschützerinstinkt weckt, und ein Mann wird sich nicht mehr gebraucht fühlen. Kein Wunder, dass gerade unter den attraktiven, erfolgreichen Karrierefrauen viele Singles sind. Diese Frauen strahlen aus, dass sie auf nichts und niemanden angewiesen sind. Welcher Mann wagt es da noch, sie vom Gegenteil zu überzeugen?

Männer sind übrigens keineswegs darauf erpicht, mit ihrer Partnerin die neusten Fußballergebnisse zu diskutieren. Das machen sie viel lieber mit ihren Freunden.

Reden oder Schweigen?

Missverständnisse und unausgesprochene Konflikte führen nicht selten dazu, dass Beziehungen auf höchst unerfreuliche Weise zerbrechen. Eine kluge Königin sagt, was gesagt werden muss, sie kennt ihre Bedürfnisse und ist in der Lage, diese Bedürfnisse klar und ohne Umschweife gegenüber einem Mann anzusprechen.

Der amerikanische Psychologe John Gottman hat in empirischen Studien herausgefunden, dass Paare, die Auseinandersetzungen nicht scheuen, mit größerer Wahrscheinlichkeit zusammenbleiben als Paare, die Konflikte vermeiden. Die große Kunst ist es, eine Partnerschaft durch klärende Gespräche aktuell und lebendig zu halten. Dazu gehören auch Streitgespräche. Allerdings nur solche, bei denen man sich nicht gegenseitig verletzt.

Dabei ist zu beachten: Menschen, die ungewöhnlich scharf argumentieren und hart urteilen, gehören in die Kategorie der Anti-Verführer. Als kluge Königin bleiben Sie stets diplomatisch in Ihren Urteilen. In Ihren Bemerkungen schwingt immer auch ein Hauch von Milde mit, da Sie in der Lage sind, die Welt mit den Augen der Liebe zu betrachten. Seien Sie äußerst vorsichtig mit Kritik oder gar Witzen über den Geschmack oder das Aussehen Ihres Liebsten. Männer können hier schnell beleidigt oder sogar tief gekränkt reagieren.

Ein absolutes Kritikverbot gilt in Bezug auf die Familie des Mannes! Es gibt viele Männer, die eine Beziehung zu einer Frau abbrechen, weil sie mit den Kommentaren ihrer Freundin über ihre Eltern oder Geschwister nicht einverstanden sind. Bedenken Sie immer, dass Männer zu ihren Angehörigen ein sehr enges Verhältnis haben. Sie sind in der Regel daher äußerst empfindlich gegenüber jeder Art von Kritik an ihrer Familie. Wenn Sie wollen, dass ein Mann Sie heiratet, müssen Sie auch mit seiner Familie klarkommen!

Ehe oder Bettgeschichte?

Manche Frau macht gegenüber ihrem neuen Partner Andeutungen über ihr bewegtes Vorleben. Sie nimmt vielleicht an, Erfahrenheit in der Liebe mache sie zu einer begehrenswerten und spannenden Frau. Vielleicht denkt sie auch, es zeuge von Coolness, mit diesem oder jenem Kerl schon etwas gehabt zu haben. Tatsächlich ist das Gegenteil der Fall. Männer halten Frauen, die mit ihrem promiskuitiven Liebesleben prahlen, für Schlampen, auch wenn sie das niemals so direkt sagen würden.

Frauen, die mit Stolz auf ihre Liebesaffären zurückblicken und von ihren vielen männlichen Bekannten berichten, sind für Männer keine Königinnen, sondern Flittchen. Sie outen sich als wahllos, und die Wahrscheinlichkeit scheint hoch, dass sie nicht besonders treu sind.

Ausnahmslos jeder Mann wünscht sich jedoch eine besondere Frau, und jeder Mann will sich im Glauben wähnen, dass nur er allein seine Partnerin glücklich machen kann. Achten Sie also auf Ihren Ruf! Und lassen Sie Ihren Partner in dem Glauben, dass alle Ihre bisherigen Männer etwas Besonderes waren. Vielleicht hatten Sie die eine oder andere Affäre? Nichts, worüber Sie prahlend berichten würden. Stattdessen lächeln Sie verschmitzt, machen eine vielsagende Andeutung und lassen Raum für Spekulationen.

Verschiedene Studien zeigen, dass wir uns innerhalb kürzester Zeit einen ersten Eindruck von einer Person machen. Ob wir jemanden attraktiv finden, entscheidet sich innerhalb von 300–500 Millisekunden. Und auch Persönlichkeitsmerkmale unseres Gegenübers, wie zum Beispiel Extraversion und Intelligenz, schätzen wir innerhalb von nur dreißig Sekunden nach dem Kennenlernen ein. Männer ordnen eine Frau, die sie kennenlernen, innerhalb weniger Minuten in eine von zwei Kategorien ein: geeignet fürs Bett oder geeignet für die Ehe. Wenn eine Frau durch ihre Kleidung oder ihr Verhalten den Anschein erweckt, sie sei möglicherweise leicht zu haben, ist die Wahrscheinlichkeit, dass ein Mann sie als Ehefrau in Betracht zieht, gleich null. Eine Frau, die aus Männersicht geeignet für die Ehe ist, sendet in ihrem Kleidungsstil keine zu starken sexuellen Signale aus. Ihr Erscheinungsbild hat zwar Sex-Appeal, aber es zeugt immer auch von Seriosität. Männer wollen eine Ehefrau, die sie mit Stolz ihrer Familie präsentieren können!

Nichts ist dabei so einprägsam wie der erste Eindruck, den ein Mann sich von einer Frau macht. Er wird sich auch Jahre später noch gut daran erinnern können. Hier werden die Weichen für das weitere Zusammensein gestellt. Hat er einmal eine strahlende Königin in einer Frau gesehen, wird er sie noch lange so in Erinnerung behalten.

Das Daisy-Prinzip

In der Verliebtheit ist es der Schein, der zählt, nicht das Sein. Ob der Schein zur Realität wird, es lässt sich nicht vorhersagen. Fest steht aber: Die Hoffnungen, die das Bild einer Person in uns erzeugt, graben sich tief in unser Gedächtnis ein. Wir belegen eine Person mit den Emotionen, die ihr Bild in uns hervorruft. Selbst wenn dieses Bild ein unerreichbares Ideal darstellt.

Der Grund, warum ein Mann für eine Frau Feuer fängt, ist deshalb nicht das, was sie gerade darstellt, sagt oder tut. Das ist schon im nächsten Moment Vergangenheit. Vielmehr zählt das, was noch von ihr kommen könnte. Das Entscheidende sind die Versprechungen für die Zukunft, die wir ausstrahlen. Diese Versprechungen spiegeln sich in unserem Wesen wider. Und was hat das alles nun mit der Kunst zu tun, den Richtigen zu finden?

Regel Nummer fünf

Der Grund dafür, warum ein Mann bei uns bleibt, ist das, was noch von uns zu erwarten ist. Die Versprechungen für die Zukunft, die wir ausstrahlen.

Ein unerreichbares Ideal

Daisy ist eine Protagonistin in »The great Gatsby« von F. Scott Fitzgerald. Bei dem 1925 erschienenen Werk handelt es sich um einen der berühmtesten Romane der amerikanischen Literatur, der ebenso brillant wie bitter Kritik am Ideal des amerikanischen Traums übt. Gatsby, ein junger Millionär und undurchsichtiger Geschäftsmann, ist die zentrale Figur. Obgleich er in seinem Haus Partys für die New Yorker Gesellschaft veranstaltet, ist er einsam. Alles, was er möchte, ist, die Vergangenheit zurückzuholen. Er möchte seine inzwischen verheiratete Jugendliebe Daisy beeindrucken und zurückerobern. Seinen ganzen Reichtum hat er nur für sie angesammelt. Sie, die damals nicht auf ihn warten wollte, weil er zu arm war. Gatsby repräsentiert den amerikanischen Traum, führt uns aber gleichzeitig die Perversion dieses Traums vor Augen. Gatsby lebt für seinen Traum und muss am Ende doch feststellen, dass die Realität seinem Traum nicht gewachsen ist.

Daisy steht in diesem Roman für alles, was Gatsby sich wünscht. Trotz seines Reichtums hat er den letzten Schritt auf der gesellschaftlichen Leiter nach oben nicht geschafft. Mit Daisy zusammen würde er wirklich dazugehören. Daisy ist sein Schlüssel zur Elite, sein Schlüssel zum Glück. Die umschwärmte Daisy ist eine anmutige, liebreizende Person. Stets in strahlendes Weiß gekleidet, wirkt sie fast wie ein Engel, voller Vitalität und leidenschaftlicher Versprechungen: »Her face was sad and lovely with bright things in it, bright eyes and a bright passionate mouth, but there was an excitement in her voice that men who cared for her found difficult to forget: a singing compulsion, a whispered ›Listen‹, a promise that she had done gay, exciting things just a while since and that there were gay, exciting things hovering in the next hour.« Diese Textzeile beschreibt einen wesentlichen Aspekt von Daisys anziehender Wirkung auf Männer. Ich nenne es das Daisy-Prinzip. Das Daisy-Prinzip ist das Prinzip Hoffnung. Im Roman verkörpert Daisy für Gatsby ein Versprechen, ein Versprechen auf die Vervollkommnung seines Traums von Glück. Auch wenn Daisy dem Bild und der Hoffnung, die Gatsby mit ihr verbindet, nicht gerecht wird, so sind es doch dieses Bild und diese Hoffnung, die bis zum Ende Gatsbys Faszination von ihr ausmachen. Im Grunde ist es das Bild von Daisy, das er wirklich liebt.

Es ist eine romantische Verblendung, der die Romanfigur Gatsby hier erliegt. Ein Phänomen, das wir nur zu gut aus unserem eigenen Leben kennen. Auch im wahren Leben ist es an erster Stelle das Bild von einem Menschen, in das wir uns verlieben. Wir verlieben uns in das, was wir in einem Menschen zu erkennen glauben. Wir machen uns ein Bild von ihm und hoffen, dass er diesem Bild gerecht werden kann.

Die Paarforschung kommt sogar zu folgendem Ergebnis: In langjährigen Beziehungen leben wir gar nicht so sehr mit unserem Partner zusammen. Wir leben mit dem Bild, das wir von ihm haben. Die menschliche Psyche ist nämlich träge. Unser Gehirn denkt in Kategorien, wir vereinfachen die Wirklichkeit und sehen in unserem Partner das, was wir in ihm sehen wollen. Und dieses Bild ist auch immer eine Projektion unserer Wünsche.

Eine Daisy weckt Hoffnungen in einem Mann. Die Hoffnung ist eine unglaublich wichtige Triebfeder des menschlichen Daseins, wenn nicht sogar die wichtigste. Der Philosoph Friedrich Nietzsche stellte fest: »Die Hoffnung ist ein viel größeres Stimulans des Lebens als irgendein Glück.« Es ist die Hoffnung auf die Zukunft, die Hoffnung auf ein noch bevorstehendes Glück, die uns antreibt. Diese Hoffnung hilft uns jeden Tag von neuem, einen Sinn in unserem Leben zu finden.

Nietzsches Aussage lässt sich auch auf die Liebe übertragen. Es ist nicht so sehr das momentan empfundene Glück, das die Liebe zu einer Person nährt. Das wirklich Entscheidende sind die Hoffnungen für die Zukunft, die wir mit dieser Person verbinden. Es sind die Möglichkeiten, die wir in dieser Person zu erkennen glauben, die Möglichkeiten für unsere eigene Zukunft. Jeder Mann hat seine ganz persönlichen Hoffnungen. Hat er das Gefühl, dass die Erfüllung seiner Hoffnungen durch eine neue Partnerin in greifbare Nähe rücken könnte, wird er sich stark zu ihr hingezogen fühlen. Sie wird für ihn zu seiner Daisy.

Einige Beispiele:

Ein Mann empfindet sein soziales Umfeld als uninspirierend und langweilig. Er denkt, dass er eigentlich etwas Besseres verdient hätte. Wenn er das Gefühl hat, dass sich mit einer Frau zusammen ganz neue Möglichkeiten für ihn ergeben könnten, wird er seine Daisy in ihr sehen. Vielleicht bemerkt er, dass sie viele interessante Leute kennt und sich auf Szene-Partys wie zu Hause fühlt? Sie scheint über Gott und die Welt Bescheid zu wissen und hat augenscheinlich mit viel cooleren Leuten zu tun als er selbst. Sie wirkt dadurch wie der Schlüssel zu einer spannenderen Welt. Sie ist seine Daisy, seine Hoffnung für die Zukunft.

Ein anderer Mann hat sich in seinem Leben mit viel Fleiß nach oben gearbeitet, aber nie den Sprung in die Bildungselite geschafft. Er wird in einer Frau Daisy-Qualitäten erkennen, wenn dieser Sprung mit ihr in greifbare Nähe zu rücken scheint. Vielleicht hat sie einen Doktortitel oder einen interessanten Universitätsabschluss? Vielleicht merkt er, dass sie viel Ahnung von Kunst und Geschichte hat, über exotische Whiskeysorten oder englische Old-timer Bescheid weiß?

Ein dritter Mann wünscht sich Stabilität in seinem Leben. Die Jahre seines rastlosen Junggesellendaseins empfindet er als leer und sinnlos, er sucht eine neue Perspektive und möchte eine Familie gründen. Seine ideale Daisy strahlt aus, dass sie eine Frau mit Werten und Prinzipien ist, eine Frau, die ihr Leben im Griff hat. Eine Frau, in der er das Zeug zur perfekten Familien-Managerin zu erkennen meint.

Ein anderer Mann wiederum wünscht sich ganz generell eine Richtung für sein Leben. Er wird in einer Frau seine Daisy erkennen, wenn ihr Wesen Stärke und Optimismus ausstrahlt. Seine perfekte Daisy führt ein erfülltes Leben, voller Pläne und Ziele. Ihr Wesen verspricht, dass sie in der Lage ist, auch ihm Halt zu geben. Er darf hoffen, dass sie ihn in ihr eigenes, sinnerfülltes Leben integrieren wird.

Bei den Hoffnungen, die ein Mann in eine potenzielle Partnerin setzt, kann es sich also um mehr oder weniger konkrete Wünsche handeln. Die Frage, ob diese Hoffnungen sich dann tatsächlich erfüllen lassen, bleibt erst mal sekundär. Das Wesen und der Auftritt der Frau vermitteln aber, dass die Möglichkeit besteht, diese Hoffnungen könnten in Erfüllung gehen. Anhaltspunkt dafür kann die Ausgeglichenheit einer Frau sein oder ihre Souveränität, ihre Heiterkeit oder ihre Umgangsformen. Einer direkten Überprüfung werden diese Hoffnungen gar nicht unterzogen. Und tatsächlich geht es auch nicht darum. Es ist allein die Hoffnung, die zählt! Wie Nietzsche sagt, bedeutet die Hoffnung selbst einen größeren Lustgewinn als das tatsächlich daraus resultierende Glück. Die Realität ist nicht besonders verführerisch. Die Realität ist banal und oft sogar langweilig.

Beim Daisy-Prinzip geht es um die bewussten und unbewussten Hoffnungen eines Mannes und den Schein ihrer Erfüllbarkeit, den eine Daisy vermittelt. Es geht nicht um Tatsachen, es geht um Vermutungen. Oft spielen diffuse, subtile Hinweise eine Rolle, die sich im Wesen einer Daisy widerspiegeln.

Wie schafft man es nun, für einen Mann zu einer Daisy zu werden?

Zunächst müssen Sie sich darüber bewusst werden, welches Bild Sie vermitteln. Welche Ihrer Eigenschaften sind es, die einen Mann dazu gebracht haben, auf Sie aufmerksam zu werden und seine Hoffnungen auf Sie zu setzen?

Die Attribute und Eigenschaften, die einen Mann dazu gebracht haben, für Sie Feuer zu fangen, gilt es gut im Kopf zu behalten, denn sie sind der Schlüssel zu seinem Herzen. Vielleicht wirken Sie wie eine unnahbare Karrierefrau, und Ihre kühle Abgeklärtheit hat ihn ganz verrückt gemacht? Oder war es Ihre unschuldige Natürlichkeit, in die er sich verguckt hat? Vielleicht ist es Ihre aufmüpfige Art, die er anziehend findet? Werden Sie sich Ihres eigenen Bildes bewusst! Rekapitulieren Sie so objektiv wie möglich, was Ihren Liebsten zu Beginn an Ihnen fasziniert hat.

Das Daisy-Prinzip besagt, dass Sie immer wieder zu diesem Bild zurückkehren können. Der Mann bekommt auf diese Weise keine Gelegenheit, das Bild, das er sich von Ihnen gemacht hat, vollständig zu entzaubern. Er darf immer wieder das Ideal, in das er sich verliebt hat, neu entdecken.

Nehmen wir an, Ihr Bild ist das einer kühlen, disziplinierten Karrierefrau. Mit Sicherheit verfügen Sie dann auch über eine sanftere Seite. Eine Seite, die anhänglich ist und Zuneigung braucht. Ihr Mann wird dies nach einer gewissen Zeit durchschaut haben. Aber: Sie geben ihm

Gelegenheit, auch immer wieder die kühle, disziplinierte Karrierefrau in Ihnen zu entdecken. Vielleicht waren Sie in letzter Zeit etwas liebebedürftiger als sonst? Dann lassen Sie ab jetzt wieder Ihre Selbstständigkeit und Unabhängigkeit hervortreten. Statt bei Ihrem Liebsten Halt und Schutz zu suchen, zeigen Sie ihm ein wenig die kalte Schulter, konzentrieren sich auf Ihre Arbeit und treten energisch und bestimmt auf. Sie lassen ihn Ihre sanftere Seite nicht vollständig enttarnen. Eine kluge Daisy lässt einem Mann seine Illusionen. Sie wahrt einen komplexen Charakter und lässt sich ein Stück weit idealisieren.

Wenn ein Mann sich in Sie verliebt, haftet Ihnen ein Geheimnis an. Der Mann ist neugierig. Er will Sie durchschauen und Ihr Geheimnis lüften. Tatsächlich soll dieses Geheimnis aber gar nicht gelüftet werden. In der Verliebtheit und in gewissem Umfang auch in der Liebe möchten wir vermeiden, die banale Seite unseres geliebten Menschen zu durchblicken! Wir möchten in ihm das sehen, was wir sehen wollen. Hat der Mann Sie vollständig durchschaut, ist der Zauber vorbei. Was sich offenbart, ist die Realität. Wie langweilig kann die doch sein im Vergleich zum hoffnungsvollen Zauber der Erwartungen.

Weiß ein Mann alles von seiner Partnerin, hat er keine Gelegenheit mehr, sie zu idealisieren. Sie wird allzu menschlich, allzu begreifbar. Eine Daisy ist sich dessen bewusst und wahrt daher immer ein gewisses Maß an Distanz. Sie lässt dem Mann die Möglichkeit, etwas Unergründliches, Geheimnisvolles in sie hinein zu phantasieren. Eine Daisy lässt sich nie komplett durchschauen. Ein Mann kann sich nicht in Sicherheit wiegen, dass er ihren Wesenskern vollständig entschlüsselt hat. Eine Daisy bleibt in gewisser Weise flexibel und formbar, ihr Verhalten lässt sich nicht bis ins Detail berechnen. Ihr Handeln muss nicht immer stimmig sein, manchmal gibt es Anlass zur Verwunderung und zum Nachdenken. Eine Daisy ist kein offenes Buch. Sie ist ehrlich, aber ihre tiefsten Wünsche und Hoffnungen kennt nur sie selbst. Ihr Mann darf zwar daran teilhaben, aber nicht vollständig. Er bleibt neugierig, denn er ahnt, dass es noch Unerforschtes an ihr zu entdecken gibt. Dem Wesen einer Daisy wohnt nämlich ein Versprechen auf »mehr« inne. Dieses Versprechen muss kein konkretes sein. Vielmehr ist wichtig, dass sie ausstrahlt, von ihr könne noch etwas zu erwarten sein: ein Potenzial für Überraschungen. Um das zu erreichen, beherrscht sie die Kunst der subtilen Verwirrung.

Vielleicht ist sie eine nette, zurückhaltende Person. Aber manchmal, wenn sie mit Freunden feiern geht, kann sie auch mal über die Stränge schlagen. Dann sind alle überrascht, denn sie feiert ohne Rücksicht auf Verluste, amüsiert sich prächtig und flirtet mit den schicksten Jungs der Party. Man munkelt, dass sie schon so einige Herzen gebrochen hat. Eine Daisy ist vielleicht lieb, aber niemals langweilig. Langeweile ist der größte Feind der Verführung! Eine Daisy wirkt vielleicht auf den ersten Blick so unschuldig wie ein Gänseblümchen. Wer sie aber mal beim Pokern erlebt hat, würde seine Hand dafür nicht mehr ins Feuer legen. Eine Daisy ist tagsüber vielleicht ein guter Kumpel und liebt Jeans und T-Shirt. Aber wenn abends eine schicke Feier stattfindet, hat man sie auch schon mal in einem ganz heißen Cocktailkleid gesehen. Was für eine Veränderung und was für eine Frau! Eine Daisy hat manchmal einen kleinen Spleen. Dieser kleine Spleen macht sie sympathisch und ist etwas Besonderes an ihr. Vielleicht ist sie eigentlich ein ganz normaler Typ, adrett und lieb, trägt das, was alle tragen und mag das, was alle mögen. Aber man weiß, dass sie tief in ihrem Herzen ein großer ACDC-Fan ist und sich manchmal unter die harten Rocker mischt. Was für eine Überraschung!

Wenn ein Mann eine Daisy kennenlernt, glaubt er vielleicht, es mit einer leicht durchschaubaren Person zu tun zu haben. Aber dann hört er plötzlich ein paar Tage lang nichts mehr von ihr. Keine SMS, kein Anruf, gar nichts. Dann, völlig unerwartet, meldet sie sich, sagt, dass sie viel Stress hatte, und alles ist wie vorher. Seltsam, was wohl passiert war? Hatte sie etwa in dieser Zeit einen anderen Mann kennengelernt? Eine Daisy sorgt in der Kennenlernphase dafür, dass der Mann mindestens einmal ins Grübeln gerät, ob es ihm überhaupt gelingen wird, ihr Herz zu erobern. Eine Daisy beherrscht das Spiel zwischen Funkstille und Nähe. Sie ruft den Mann ihres Herzens ganz unerwartet an, teilt ihm mit, dass sie eine Einladung zu einer angesagten Vernissage hat und bietet ihm an mitzukommen. Der Mann wird sich noch lange an diesen Abend erinnern, denn auf so einem Event war er noch nie. Eine Daisy meldet sich einfach mal einen Tag lang gar nicht. Am nächsten Abend steht sie dann unangemeldet vor der Tür. In der Hand hält sie eine Packung Sushi vom Japaner nebenan, und unter ihrer Bluse lugt ein Spitzen-BH von Agent Provocateur hervor. Eine Daisy weiß, dass es besser ist, einen Mann zu verwirren als ihn zu langweilen.

Eine Daisy äußert sich nicht im Detail zu ihren Exfreunden. Stattdessen macht sie Andeutungen, aus denen sich herauslesen lässt, dass es den einen oder anderen interessanten Mann in ihrer Vergangenheit gab. Der eine wohnt heute in New York und soll ein reicher Erbe sein? Mit dem anderen hat sie früher mal ein paar Monate in Madrid gelebt? Offenbar war dieser Mann ganz verrückt nach ihr, sie waren sogar verlobt? Eine Daisy schürt Spekulationen um ihre Person. Weder ihre Vergangenheit noch ihre familiären Verhältnisse legt sie bis ins kleinste, banale Detail offen. Sie hat einen Onkel, der in die USA ausgewandert ist und dort in Miami in einem Haus am Meer wohnt? Dass es sich dabei nur um ein kleines Häuschen und keine Villa im großen Stil handelt, braucht keiner zu wissen. Ihre Eltern sind Beamte bei der Stadtverwaltung? Keine besonders betonenswerte Tatsache für eine Daisy. Stattdessen erzählt sie lieber von der wilden Zeit ihrer Eltern während der achtundsechziger Revolte. Freie Liebe und Studentenproteste, das ist viel interessanter.

Der Lebensweg einer Daisy lässt sich nicht bis ins Detail berechnen. Ihre Persönlichkeit eröffnet vielfältige Möglichkeiten für ihre Zukunft. Ihr Lebensweg ist keine klar vorgezeichnete Linie, die ihr aus dem Gesicht abzulesen wäre. Die Zukunft mit einer Daisy bietet Raum für Überraschungen.

Dazu zwei Beispiele:

Birgit ist eine Grundschullehrerin Mitte dreißig. Sie ist hübsch, kleidet sich schick und teuer und hofft, bald den Mann fürs Leben zu finden. Ihren Beruf hat sie gewählt, weil sie denkt, dass er sich perfekt mit der Rolle als Ehefrau und Mutter verbinden lässt. Ihr idealer Ehemann sollte möglichst viel Geld nach Hause bringen, sie will sich dann um die Familie kümmern. In ihrer Freizeit geht Birgit abends mit Freundinnen in die angesagten Afterwork-Locations der Stadt. Zweimal die Woche ist sie im Fitnessstudio. Ihre Urlaube verbringt Birgit auf Sylt, weil dort das richtige Klientel an Männern unterwegs ist.

Sabine ist ebenfalls Grundschullehrerin und Mitte dreißig. Sie hat ihren Job gewählt, weil er ihr ausreichend Raum für ihre Interessen und Hobbys lässt. Sie macht begeistert Triathlon und engagiert sich in einer Partei. Sabine ist sportlich, eine hübsche Person mit Elan und Esprit.

Sabine hat seit einiger Zeit einen neuen Freund. Einen Triathleten, den sie beim Lauftraining kennengelernt hat. Birgit hingegen ist solo, und das schon seit Jahren. Sie hat zwar häufig Dates, aber die meisten Männer verlieren nach kurzer Zeit das Interesse. Warum? Wenn ein Mann sich mit Birgit verabredet, durchschaut er sie spätestens nach dem zweiten Date. Keine Frage, diese Frau ist auf der Suche nach einem erfolgreichen Mann, hat Ansprüche und möchte eine Familie gründen. Birgits Auftritt (viele Gucci-Accessoires bei kleinem Beamtengehalt) und ihr ganzer Lebensstil lassen keinen Zweifel an ihren Absichten. Birgit mag hübsch und nett sein. Aber Raum für Überraschungen bietet sie nicht. Damit ihr Lebenskonzept aufgeht, fehlt noch der passende Mann, das ist offensichtlich.

Sabine hingegen ist eine Vertreterin des Daisy-Prinzips. Ihr Plan fürs Leben ist nicht offensichtlich, er bietet Optionen. Sie hat viele Interessen, die Suche nach Mr. Right scheint nicht an erster Stelle zu stehen. Männer lernt Sabine nicht beim Ausgehen kennen, sondern bei ihren Freizeitaktivitäten. An der Bar einschlägiger Szene-Locations trifft man sie selten, solche Abende findet sie eher langweilig. Wer Sabine kennenlernt, würde ihr zutrauen, dass sie für ein Jahr nach Australien auswandert, bevor sie sesshaft werden möchte.

Zusammenfassend ist festzuhalten: Das Daisy-Prinzip funktioniert nur, solange Sie als Person nicht vollständig berechenbar sind. Es darf keine zweifelsfreie Klarheit über Ihre Absichten und Pläne herrschen. Eine Daisy sorgt dafür, dass der Mann die Phantasien, die er einmal von ihr hatte, nie ganz verliert. Bei ihr darf er ein bisschen weiterträumen, statt ständig die Realität serviert zu bekommen. Egal wie nett und aufrichtig eine Daisy sein mag, etwas an ihr bleibt ein Geheimnis. Dieses Geheimnis zu lüften wird dem Mann an ihrer Seite nie ganz gelingen Und gerade deswegen wird er es immer wieder versuchen. Wer weiß, vielleicht sollte er um ihre Hand anhalten, um das Rätsel zu lösen?

Die Kunst der Verführung

Im allgemeinen Sprachgebrauch bedeutet Verführung, eine Person so zu manipulieren, dass sie etwas tut, was sie eigentlich nicht tun wollte. Nichts anderes ist das Ziel von Frauen, die einen Ehemann suchen. Sie wollen einen Mann dazu verführen, sein geliebtes Junggesellendasein aufzugeben. Sie wollen ihn zum Heiraten verführen. Zweifellos ein ehrgeiziges Ziel, für das es sich lohnt, die Kunst der Verführung zu beherrschen!

Nach Lehrbuchmeinung bedeutet Verführung das »Überwinden von Widerständen zum Erreichen sexueller Befriedigung, zum Beispiel durch das Herstellen einer erotischen Atmosphäre«.

Bereits im Mittelalter entdeckten die Troubadoure die Verführung als Mittel, den sexuellen Widerstand junger Frauen zu überwinden. Illustre Persönlichkeiten, allen voran Casanova, prägten das Bild des perfekten Verführers, dem die Frauen in Scharen zu Füßen lagen. Tatsächlich reicht die Kunst der Verführung jedoch weit über die rein sexuelle Definition hinaus.

Verführung ist eine Form der Herrschaft, ein Mittel der Meinungsbildung und Machtausübung. Politiker wie Napoleon oder John F. Kennedy waren Verführer großen Stils. Durch ihre verführerischen Eigenschaften, ihre Rhetorik und ihre faszinierende Präsenz vermochten sie es, Menschenmassen für sich und ihre Ziele einzunehmen. Die großen Verführerinnen der Geschichte, wie Kleopatra oder Helena von Troja, machten ihre Verführungskünste zu einer weiblichen Variante der Kriegsführung. Als Verführerinnen emanzipierten sie sich von der Rolle des passiven

Sexualobjekts hin zu aktiven Kriegerinnen im Spiel um Macht und Liebe.

Eine Verführerin meistert die Kunst, ihr Verführungsopfer in sich verliebt zu machen. Dadurch verschafft sie sich Macht über ihr Opfer. Das Opfer wird verzaubert und verwirrt, irgendwann erliegt es dem Willen der Verführerin und kapituliert. Die Verführerin schafft es auf subtile Art und Weise, einen Wunsch tief im Innersten ihres Opfers zu verankern: den Wunsch, sie, die Verführerin, vollständig zu besitzen. Und was macht ein Mann, wenn er eine Frau besitzen will? Er hält um ihre Hand an.

Verführung hat wenig mit Magie zu tun, Verführung ist in erster Linie ein psychologisches Spiel. Eine Verführerin durchschaut die Persönlichkeit ihres Opfers, spielt mit seinen Phantasien und Wünschen und entfacht in ihm ein Wechselbad aus Hoffnung und Verwirrung. Eine Verführerin setzt auf Zeit, denn sie strebt danach, die Emotionen ihres Opfers zu kontrollieren. Sie weiß, dass die Erfüllung körperlicher Gelüste ihr nur kurzfristig Macht über ihr Opfer verschafft. Deshalb ist es ihr Ziel, die Gedanken ihres Opfers vollständig von sich einzunehmen.

Jede Frau verfügt über verführerische und weniger verführerische Attribute, und zunächst gilt es herauszufinden, welche Eigenschaften uns in den Augen unserer Mitmenschen besonders anziehend machen. Oft lauern diese Qualitäten im Verborgenen, sind latent vorhanden, ohne vollständig zum Leuchten gebracht worden zu sein.

Entdecken Sie Ihr persönliches Verführungspotenzial und bauen Sie es aus! Vielleicht wohnt Ihrem Wesen eine heitere Gelassenheit inne, die so verführerisch wie eine leichte Sommerbrise wirken kann? Vielleicht lässt sich aus Ihrer zurückhaltenden Art etwas Geheimnisvolles herauslesen, eine Besonnenheit, die Ihnen eine anziehende Charaktertiefe verleiht?

Supergirl und ihre Welt

In den neunziger Jahren war der Song »Supergirl« der Popgruppe Reamonn ein echter Hit, ein Ohrwurm, den man nicht so schnell vergisst. Ebenso eingängig war das Video, in dem ein geheimnisvolles Mädchen mit melancholischem Blick das Supergirl darstellt. »You can tell by the way she walks that she's my girl – You can tell by the way she talks that she rules the world – You can see in her eyes that no one is her chief«.

Das hier besungene Mädchen verkörpert ein paar sehr wirkungsvolle verführerische Eigenschaften, die aus Männersicht ein echtes Supergirl aus ihr machen. Supergirl nimmt zwar an unserer ganz normalen Welt teil, aber in gewisser Weise scheint sie auch in ihrer ganz eigenen Welt zu leben. Diese Welt gehört nur ihr, und hier ist sie allein die Chefin (»she rules the world«). Ihre Einstellung gleicht der von Pippi Langstrumpf: Ihre Welt richtet sie sich ganz so ein, wie es ihr gefällt. Die Konsequenz ist, dass Supergirl nicht so sehr von der normalen Welt abhängig ist. Auch wenn die Welt um sie herum trist und grau ist, in ihrer eigenen Welt finden sich trotzdem schöne Dinge und Gedanken. Und das merkt man ihr an.

Supergirl strahlt eine heitere Selbstzufriedenheit aus. Was andere Menschen von ihr denken, ist ihr nicht so wichtig, sie zieht ihr eigenes Programm durch. Ihre Selbstzufriedenheit wirkt äußerst anziehend auf ihre Mitmenschen. Ihre Art suggeriert ein Selbstvertrauen, das irgendwie in ihrem Wesenskern verankert zu sein scheint. Ihre Individualität weist auf eine innere Stärke hin, auf ein Urvertrauen in sich und ihr Schicksal. Und genau das empfinden wir als ausgesprochen sexy. Supergirl ist ein freier

Geist, sie ist nicht von ihrer Umgebung abhängig. Sie kommt jederzeit glänzend alleine klar, aufdrängen würde sie sich niemandem. Andere Menschen bewundern und beneiden sie dafür. Nur zu gerne besäßen sie auch den Mut, so unabhängig zu sein. Die Menschen fühlen sich zu ihr hingezogen und würden gerne hinter das Geheimnis ihrer Gelassenheit kommen. Supergirl scheint das geschafft zu haben, wonach so viele streben: Sie ist mit sich im Reinen. Sie verströmt Glück, und das macht sie so verführerisch. Die anderen Menschen suchen ihre Gesellschaft. Sie möchten etwas von ihrem Glück abbekommen.

Ein zentrales Attribut von Supergirl ist ihre Unabhängigkeit (»no one is her chief«). Niemand kann sie wirklich besitzen. Damit verfügt sie über eine Eigenschaft, die eigentlich Männern vorbehalten ist. Männer haben in der Liebe oft die Oberhand, weil sie auf feste Bindungen leichter als Frauen verzichten können. Supergirl dreht den Spieß um. Sie tut es den Männern gleich und wahrt in Beziehungen immer eine gewisse emotionale Distanz, statt sich total zu engagieren. Sie ist leidenschaftlich, sexy und verführerisch – aber sie bringt sich nicht ganz ein. Dadurch gewinnt sie Oberwasser. Der Mann ist verwirrt, lässt sich der unabhängige Geist dieser Frau etwa nicht unterwerfen? Eine spannende Herausforderung, genau das dann doch zu versuchen.

Dem Wechselspiel zwischen weiblichen und männlichen Charakterzügen wohnt eine hohe Verführungskraft inne. Männer finden es sehr anziehend, wenn eine feminine Frau sich gleichzeitig auch durch männliche Wesenszüge auszeichnet. Vielleicht handelt es sich um eine kleine, zierliche Frau, die gerade mal über das Lenkrad ihres Wagens sehen kann. Aber ihr Fahrstil ist so schneidig und souverän, dass der Mann auf dem Beifahrersitz aus dem Staunen gar nicht mehr heraus kommt. Vielleicht ist eine

Frau im Alltag eine zurückhaltende Lady. Aber wenn es nötig ist, ergreift sie auch mal die Führung. Dann haut sie auf den Tisch und sagt lautstark ihre Meinung, wenn der Verkäufer im Möbelgeschäft sie über den Tisch gezogen hat.

Die geschickte Charmeurin

Das Wort Charme geht auf das lateinische Wort Carmen zurück, was einerseits Lied und Gesang bedeutet, andererseits aber auch Zauberformel. Eine Charmeurin verzaubert ihre Opfer, indem sie ihnen ihr volles Interesse und ihre ganze Aufmerksamkeit widmet. Sie erkennt ihre geheimsten Wünsche, ihre Sehnsüchte und Hoffnungen. Und genau darauf fokussiert sie ihre Verführungsstrategie. Sie teilt ihre Sehnsüchte, sie versteht ihre Sorgen. Gleichzeitig durchschaut sie Schwachstellen und die Bereiche einer Persönlichkeit, die am meisten nach Anerkennung verlangen. Eine Charmeurin lässt sich nicht blenden, sie erkennt genau, was hinter der Fassade ihres Opfers wirklich steckt. Ihr Opfer merkt, dass es durchschaut wird. Es fühlt sich erkannt. Und gleichzeitig geschmeichelt – denn die Charmeurin gibt ihm das Gefühl, jemand ganz Besonderes zu sein. So besonders ihr Opfer auch sein mag – eine Charmeurin würde niemals auf die Idee kommen, ihr Opfer anzuhimmeln oder zu bewundern! Sie steht über den Dingen.

Charme ist eine Eigenschaft, die vor allem in der Phase des Kennenlernens von hoher verführerischer Wirkung sein kann. Wir alle fühlen uns zu Menschen hingezogen, die uns ein wohlwollendes Interesse entgegenbringen. Wir mögen Menschen, die uns Bestätigung geben. Charme wirkt grundsätzlich bei allen Menschen, die nach Bestätigung verlangen. Weniger empfänglich für Charme sind hingegen sehr selbstgefällige oder zynische Menschen. Solche Menschen benötigen keine Bestätigung. Um bei ihnen versteckte Sehnsüchte aufzuspüren, ist eine besonders ausgefeilte Menschenkenntnis nötig. Auch bei ihnen kann eine charmante Verführung große Wirkung zeigen – aber nur, wenn man sie wirklich durchschaut.

Eine Charmeurin hat die Fähigkeit, einem Mann zuzuhören und ihn zu beobachten. Sie gibt ihm ausreichend Raum zur Selbstdarstellung. Ihr Verständnis für sein Leben macht sie zu einem ebenbürtigen Gegenüber. Sie erkennt ganz genau, worum es im Leben ihres Opfers wirklich geht. Sie lässt sich nicht von Äußerlichkeiten beirren. Vielleicht ist sie selbst nur Sekretärin und er ein erfolgreicher Investmentbanker. Aber davon lässt sie sich nicht beeindrucken. Sie erkennt den ganz normalen Jungen hinter den gelackten Haaren und den teuren Schuhen. Seine Welt ist ihr nicht fremd. Sie kann mitreden bei seinen Sorgen und Problemen. Sie ist den Umgang mit Investmentbankern wie selbstverständlich gewohnt. Sie sieht den Menschen hinter dem Maßanzug.

Eine Charmeurin erkennt nicht nur den Menschen, sie erkennt auch seine wunden Punkte. Jeder Mann stellt ein bestimmtes Bild dar. Das muss aber nicht unbedingt das Bild sein, das er gerne darstellen würde. Vielleicht hat er ein ganz anderes Ideal von sich, möchte Eigenschaften von sich entdeckt wissen, die bisher niemand an ihm gewürdigt hat?

Ein sehr hart und unnahbar wirkender Manager wünscht sich vielleicht in seinem tiefsten Inneren, für seinen Humor und seinen selbstironischen Charme geliebt zu werden. Er möchte nicht nur respektiert und gefürchtet werden, sondern für seine Feingeistigkeit geliebt werden. Ein Mann, der das Bild eines sorglosen Hallodris vermittelt, wünscht sich insgeheim, dass eine Frau seine verantwortungsvolle, heroische Seite entdeckt und schätzt. Ein Mann, dem es an Coolness mangelt, möchte dass eine Frau genau diese Coolness in ihm entdeckt und zum Leuchten bringt.

Eine Charmeurin erkennt die Bedürfnisse und Schwach-stellen ihres Gegenübers. Sie richtet ihre Aufmerksamkeit ganz gezielt auf diese Bereiche und gibt ihnen Bestäti-gung.

Wie verführt man einen schönen Mann?

Natürlich ist es angenehm, gut auszusehen, aber für ihn ist es im Grunde nichts Besonderes. Keine Qualität, die ihn gegenüber seinen männlichen Mitstreitern wirklich abheben würde. Viel lieber will ein schöner Mann deshalb für andere Qualitäten geliebt werden. Klugheit, beruflicher Erfolg, Kreativität oder Sportlichkeit – das sind Eigenschaften, die wirklich etwas zählen und die einen tollen Kerl ausmachen. Oft sind sehr gut aussehende Männer mit Frauen zusammen, die weniger attraktiv sind als sie selbst. Und warum? Diese Frauen sehen in ihnen mehr als nur den schönen Mann, sie erkennen andere Qualitäten in ihnen und wissen sie hervorzulocken. Gutes Aussehen allein kann diese Frauen nicht beeindrucken. Sie fordern mehr und bringen auch selbst mehr mit als gutes Aussehen.

Wenn Sie das Herz eines schönen Mannes erobern wollen, hier die wichtigsten Tipps:

· Lassen Sie sich nicht anmerken, dass Sie von seinem Aussehen beeindruckt sind. Behandeln Sie ihn wie einen ganz normalen Mann. Seien Sie interessiert – aber nicht begeistert. Der Umgang mit schönen Männern ist für Sie nichts Ungewöhnliches. Schließlich sind Sie selbst jemand ganz Besonderes. Oft empfiehlt es sich, zunächst nur die Freundschaft des schönen Mannes zu suchen. Auf diese Weise können Sie sein Vertrauen gewinnen. Er muss merken, dass Sie
a) nicht nur auf seinen sexy Körper aus sind und
b) nicht zu der Sorte Frau gehören, die sich von seinem

Äußeren blenden lässt. Auf Basis dieser Freundschaft kann sich dann später mehr entwickeln.

· Ein schöner Mann mag so anziehend sein wie er will, wenn Sie ihn als ernsthaften Partner in Erwägung ziehen, dürfen Sie niemals den Eindruck erwecken, dass Sie in ihm nur ein Sex-Objekt sehen. Wenn Sie ihn als Mann für gewisse Stunden missbrauchen, wird es schwierig werden, ihm später das Gefühl zu vermitteln, dass Sie ihn für mehr schätzen als nur für seinen tollen Körper.

· Finden Sie heraus, für welche Eigenschaften er geliebt werden will und schenken Sie genau diesen Aufmerksamkeit und Interesse. Erforschen Sie, was seine wahren Ziele und Wünsche sind und setzen Sie sich damit auseinander. Unterstützen Sie ihn darin, sich in diesen Bereichen weiterzuentwickeln.

· Unterstreichen Sie Ihre eigenen Kompetenzen und machen Sie deutlich, dass Sie mindestens Gleichwertiges von ihm fordern. Es muss ihm klar sein, dass Sie eine Frau mit Ansprüchen sind und sein gutes Aussehen allein ihm keinesfalls Ihre Zuneigung sichert.

Wie zähmt man einen Frauenschwarm?

Der Frauenschwarm ist ein spezielles Verführungsobjekt, denn er blickt auf eine Historie gebrochener Frauenherzen zurück. Er liebt die Frauen, keine Frage. Aber vor allem liebt er das Unvertraute an ihnen, das Neue und Fremde. Er liebt den Rausch der Verliebtheit und die Eroberung. Hat er das Herz seiner Angebeteten aber gewonnen, stellt sich bald Ernüchterung ein. Die Vertrautheit fängt an, ihn zu ersticken. So sehr er es sich wünscht, es gelingt ihm nicht, die Frau an seiner Seite weiterhin zu idealisieren. Irgendwann hält er Ausschau nach einer neuen Eroberung, süchtig nach dem Rausch der Verliebtheit und dem Reiz des Unvertrauten.

Eine zentrale Eigenschaft des Frauenschwarms ist seine Langeweile. In der Regel gelingt es ihm ohne große Anstrengungen, Frauen um den Finger zu wickeln. Und alle wollen sie das Gleiche: ihn in eine feste Beziehung locken. Da das keiner von ihnen endgültig gelingt, sind Vorwürfe, Beschimpfungen, Tränen und Szenen die Folge.

Der gelangweilte Frauenschwarm ist eine Untergruppe der Gattung verzogener Lausbub. Der verzogene Lausbub hat von klein auf alles bekommen, was er wollte, sei es das väterliche Erbe oder die Zuneigung der schönsten Frauen. Im Extremfall ist der verzogene Lausbub völlig übersättigt. Er hat keine erkennbaren, unerfüllten Wünsche, an denen ein Verführungsprozess ansetzen könnte. Verführung wirkt aber nur bei einem Opfer, das sich auch verführen lässt.

Wenn Sie es sich in den Kopf gesetzt haben, einen verzogenen Lausbuben zu erobern, muss Ihre Verführungstaktik bei seinen zentralen Merkmalen ansetzen: seiner

Langeweile und seiner Suche nach Ablenkung. Das Erfolgsrezept ist es, anders zu sein als alle Frauen vor Ihnen.

Hier die wichtigsten Tipps:

· Betrachten Sie Ihre Romanze mit dem verzogenen Lausbuben so lange wie möglich als lockere Affäre und nicht als Beziehung. Konzentrieren Sie auf keinen Fall Ihr Leben auf ihn, führen Sie weiter Ihr eigenes Leben. Wahren Sie bei Ihren Treffen spielerische Leichtigkeit und Unbeschwertheit. Treffen Sie sich mit ihm, wenn es Ihnen passt – und nicht, wenn es ihm gefällt.

· Wenn Sie merken, dass sich bei ihm nach der anfänglichen Verliebtheit langsam Ernüchterung einstellt, bleiben Sie gelassen. Sehen Sie von ängstlichen Nachfragen oder Vorwürfen ab. Stattdessen geben Sie sich ebenfalls gelangweilt oder beschäftigt. Absolutes A und O ist es, sich von Anfang an eine gewisse emotionale Nüchternheit zu bewahren. Betrachten Sie den verzogenen Lausbuben als spannendes Testobjekt Ihrer Verführungskünste – keinesfalls als Vater Ihrer ungeborenen Kinder.

· Schlüpfen Sie bei jedem Date in eine andere Rolle: Mal sind Sie der verführerische Vamp an seiner Seite, mal die adrette Dame. Wahren Sie einen komplexen Charakter. Er darf sich nie ganz sicher sein, was als Nächstes kommt. Jedes Mal wenn er denkt, er hätte Sie durchschaut, müssen Sie ihm zeigen, dass Sie doch anders sind, als er dachte. Sie sind die ganz besondere Frau, die alle seine Affären überflüssig macht.

· Verzogene Lausbuben sind es gewohnt, auch im Bett verwöhnt zu werden. Aber inflationieren Sie Ihre erotischen Künste nicht! Nach einer besonders heißen Nacht bei ihm ziehen Sie sich erst mal zurück. Lassen Sie eine ganze Woche vergehen, bevor Sie Ihr nächstes Treffen stattfinden lassen. Sie haben einfach viel um die Ohren und sind sehr beschäftigt. Melden Sie sich ein paar Tage nicht und überraschen Sie ihn dann mit einer unerwarteten, sexy SMS. »Ich hab gerade an dich gedacht ... hmmm.«

· Geben Sie ihm das Gefühl, dass Ihre Zuneigung nichts mit seinem Status oder seinem Geld zu tun hat. Bereiten Sie ihm Freude ohne Hintergedanken. Machen Sie ihm keine Vorwürfe. Er wird verwirrt und erstaunt sein von Ihrem Verhalten. Alle seine ehemaligen Freundinnen wollten irgendetwas von ihm – nur Sie scheinen anders zu sein. Offenbar mögen Sie ihn aus anderen Gründen? Vielleicht mögen Sie ihn ja wirklich?

· Stehen Sie über den Dingen. Zeigen Sie ihm, dass Sie verstanden haben, wie er tickt. Bringen Sie ein gewisses nachsichtiges Verständnis für seine jugendliche Unreife auf. Machen Sie einen kleinen ironischen Scherz über seine unstete Vergangenheit. Damit zeigen Sie, dass Sie sich davon nicht aus der Ruhe bringen lassen. Ihre Gelassenheit wird ihn beeindrucken.

· Wenn er sich herausnimmt, sich Ihnen gegenüber nachlässig zu benehmen, indem er sich beispielsweise nicht meldet, schlagen Sie mit genau den gleichen Waffen zurück. Statt ihm Vorwürfe zu machen, treffen

Sie sich mit alten Freunden, flirten mit anderen Männern und konzentrieren sich auf sich.

· Einem Frauenschwarm muss von Anfang an klar sein, dass Sie sich von Bad-Boy-Maschen keinesfalls beeindrucken lassen, denn er wünscht sich nichts sehnlicher als eine Frau, die ihm gegenüber Oberwasser hat – und es auch behält!

Diese Tipps sind nur für den Fall anwendbar, dass der verzogene Lausbub anfänglich in Sie verliebt war und Sie sich als Frau an seiner Seite vorstellen kann. Wenn er in Ihnen nur eine Frau für schöne Stunden sieht, werden alle guten Ratschläge wirkungslos bleiben. Genau wie beim schönen Mann bietet es sich an, erst mal nur die Freundschaft mit ihm zu suchen. Als Freundin können Sie sich in seinen Augen als tolle Frau etablieren und gleichzeitig herausfinden, wie er tickt. Auch wenn Sie bereits im Bett mit ihm waren, gelingt es manchmal, die Affäre noch in eine Freundschaft umzuwandeln. Dafür ist es besonders wichtig, dass Sie ihm vorher keine Vorwürfe gemacht haben!

Übrigens: Auch bei einem ganz »normalen« Mann kann es sich um einen verzogenen Lausbuben handeln. Werfen Sie einen genauen Blick auf seine alten Frauengeschichten und erforschen Sie, woran sie gescheitert sind. Was haben die Frauen in ihm gesehen und gesucht? Wirkt er vielleicht wie der perfekte Ernährer und Familienvater? Aber will er wirklich so gesehen werden?

Die Verführung eines verzogenen Lausbuben ist eine heikle Angelegenheit. Wahrscheinlich haben sich schon viele Frauen die Zähne an ihm ausgebissen und vergeblich Zeit und Nerven investiert. Ob es klappt, aus ihm einen Heiratskandidaten zu machen, steht in den Sternen. Nicht selten ist es eine Frage des richtigen Timings. Irgendwann geht nämlich auch dem größten Schürzenjäger seine unermüdliche Jagd auf die Nerven. Die vielen Frauen rauben Zeit und Energie, eine Affäre gleicht der nächsten. Irgendwann entscheidet sich deshalb auch ein Frauenschwarm, einen Strich unter sein Lotterleben zu ziehen. Er beugt sich den Konventionen, wird sesshaft und wählt eine Frau fürs Leben. Wann dieser Entschluss fällt, ist schwer vorherzusehen. Als Grundregel gilt: Je verzogener der Lausbub ist, desto länger wird er seine Freiheit auskosten. Ob Sie dann die Auserwählte sind, hängt davon ab, ob Sie zur richtigen Zeit in sein Leben treten. Und ob Sie es schaffen, die ganz besondere Frau für ihn zu sein. Zweifellos eine Rechnung mit vielen Unbekannten.

So klappt's mit dem reichen Mann

Wie jeder andere möchte auch ein reicher Mann um seiner selbst willen geliebt werden. Er möchte, dass eine Frau sein wahres Ich erkennt. Er will geliebt werden, weil er ein toller Kerl ist, ein interessanter Mann mit männlichen Eigenschaften. Nichts ist für ihn schlimmer als die Vorstellung, sein Herz an die falsche Frau zu hängen. Und das ist eine Frau, die ihn gar nicht wirklich liebt, sondern es nur auf sein Geld abgesehen hat. Wer also die Liebe eines reichen Mannes gewinnen will, muss in der Lage sein, seine Zweifel zu zerstreuen und ihm Zeichen ehrlicher Wertschätzung entgegenzubringen.

Hier die wichtigsten Regeln:

· Wenn er Sie in die teuersten Restaurants ausführt oder Sie auf eine luxuriöse Wochenendreise mitnimmt – bleiben Sie gelassen. Zeigen Sie keine überschwängliche Begeisterung angesichts all des Luxus. Damit machen Sie deutlich, dass man Sie mit Geld nicht kaufen kann. Allein durch Materielles lässt sich Ihr Herz nicht gewinnen. Sie sind mit Ihrem Leben zufrieden, wissen, wo Sie herkommen und verwechseln einen reichen Mann nicht mit dem Jackpot im Lotto.

· Fordern Sie seine Großzügigkeit nicht wie selbstverständlich ein. Er darf Sie gerne verwöhnen, aber Sie erwarten es nicht von ihm. Nur dann wird es ihm wirklich Freude machen, großzügig zu sein. Zeigen Sie ihm ehrliche Wertschätzung für die Annehmlichkeiten, die er Ihnen bereitet.

· Machen Sie deutlich, dass Sie mit Ihrem Geld umgehen können. Ein reicher Mann will keine Frau, die ihr Geld (und irgendwann auch sein Geld) zum Fenster hinaus wirft. Er will eine Frau, die ihn schätzt und mit dem, was er ihr bietet, sorgsam umgehen kann.

· Männer, die sich ihr Geld hart erarbeiten und ernsthaft auf der Suche nach einer Lebenspartnerin sind, machen in der Regel einen großen Bogen um Frauen, denen man anmerkt, dass sie auf der Suche nach einem Goldesel sind. Übrigens: Eine in den USA durchgeführte Befragung kam zu dem Ergebnis, dass für Männer Sparsamkeit die drittwichtigste Eigenschaft einer potenziellen Partnerin ist.

Lauerstellung und magische Dreiecke

Verführung darf niemals plump und offensichtlich vor sich gehen. Wir Menschen mögen es nicht, wenn wir bedrängt werden. Wir mögen es nicht, wenn jemand versucht, uns zu gefallen. Viel mehr Respekt haben wir vor Menschen, die das gar nicht nötig haben. Solche Menschen sind spannend, und wir fühlen uns herausgefordert, ihre Zuneigung zu gewinnen. Verführung ist eine Kunst, die sehr viel Feingefühl erfordert. Je unaufdringlicher wir vorgehen, desto besser. Im besten Fall sollte ein Mann gar nicht merken, dass er verführt wird. Ist er einer Frau dann verfallen, hat er keine Chance mehr, sich ihrem Zauber zu entziehen.

Bei der Lauerstellung handelt es sich um eine sehr wirkungsvolle Taktik der indirekten Verführung. Die grundsätzliche Idee ist es, von einer sexuellen Verführung des Opfers zunächst abzusehen und es stattdessen auf Umwegen zu verführen. Nämlich durch das Eingehen einer Freundschaft.

Hier die Taktik:
Wenn Sie den Mann Ihres Herzens identifiziert haben, suchen Sie zunächst nur seine Freundschaft. Zeigen Sie Interesse an seinem Leben, widmen Sie ihm Zeit und Aufmerksamkeit. Beobachten Sie ihn und lernen Sie ihn kennen. Lassen Sie dabei jede Art von romantischen oder sexuellen Ambitionen aus dem Spiel. Der Mann wird anfangen, sich in Ihrer Gegenwart wohlzufühlen. Neben Ihnen kann er sich entspannen, denn Sie lassen ihm Raum zum Atmen. Ihre Gesellschaft ist wie eine leichte Sommerbrise, unaufdringlich und angenehm. Je mehr er sich an Sie gewöhnt,

desto klarer wird ihm, was für eine tolle Frau Sie sind. Er fragt sich, ob da nicht mehr zwischen Ihnen sein könnte. Sein Jagdinstinkt wird geweckt, er fühlt sich herausgefordert, nicht nur Ihre Freundschaft, sondern auch Ihr Herz zu gewinnen. Irgendwann macht er den ersten Schritt und offenbart Ihnen seine Gefühle. Die Lauerstellung hat sich als voller Erfolg erwiesen.

Das Geheimnis der Lauerstellung ist, dass der Mann von ganz allein darauf kommt, dass Sie eine tolle Frau sind – ohne dass aktiv auf ihn eingewirkt wird. Sie vermeiden auf diese Weise all die Fehler, die Frauen bei Dates häufig machen. Statt ihm gefallen zu wollen, gefallen Sie sich einfach selbst. Und sorgen dafür, dass der Mann das mitbekommt. Wichtig ist es, die Nähe des Verführungsopfers zu suchen, ohne sich ihm aufzudrängen. Besuchen Sie die gleichen Partys, infiltrieren Sie seinen Freundeskreis. Er sollte immer wieder auf lockere, angenehme Art und Weise auf Sie aufmerksam werden. Wenn alles gut läuft, erliegt er irgendwann Ihrem Charme und fühlt sich herausgefordert, selbst die Rolle des Verführers einzunehmen. Männer sind Jäger und Sammler, sie gefallen sich in der Rolle des aktiven Verführers.

Die Taktik der Lauerstellung bietet sich immer dann an, wenn Sie es mit einem schwierigen Verführungsopfer zu tun haben, beispielsweise einem schönen Mann oder einem gelangweilten Frauenschwarm.

Die Lauerstellung kann auch dann zum Einsatz kommen, wenn Sie sich mit Ihrem Verführungsopfer bereits in einer romantischen Beziehung befinden, aber ihm gegenüber in eine Position der Schwäche geraten sind.

Hier die Taktik dazu: Der Mann merkt, dass irgendetwas an Ihnen sich verändert hat. Zu Beginn waren Sie anhänglich und anschmiegsam, aber seit kurzem reagieren

Sie nicht mehr so euphorisch auf ihn wie zuvor. Sie sind freundlich und herzlich, aber irgendetwas ist anders. Eine gewisse emotionale Distanziertheit ist in Ihrem Verhalten zu spüren. Sie reagieren nicht mehr emotional, sondern eher freundschaftlich auf ihn. Der Mann gerät ins Grübeln. Haben Sie etwa jemand Besseren kennengelernt? Finden Sie ihn nicht mehr attraktiv? Die Leidenschaft kocht wieder in ihm hoch. Er beginnt, Sie zu umgarnen und zu umwerben. Er will Ihr Herz zurückgewinnen.

Sie merken, die Lauerstellung ist eine Möglichkeit, sich aus einer Position der Schwäche wieder herauszumanövrieren! In einer Position der Schwäche ist es das oberste Gebot, sich zu entspannen. Besinnen Sie sich auf sich selbst! Auf diese Weise wird der verloren gegangene Jagdtrieb bei Ihrem Liebsten wieder zum Leben erweckt.

Wichtigstes Merkmal der indirekten Verführung ist es, dass Ihr Verhalten jederzeit authentisch wirken muss, sonst machen Sie sich unglaubwürdig.

Fingerspitzengefühl ist auch beim magischen Dreieck vonnöten, einer weiteren Taktik der indirekten Verführung: Platzieren Sie zwischen sich und Ihrem Verführungsopfer eine dritte Person und machen Sie Ihrem Opfer subtil deutlich, dass diese dritte Person Sie begehrt. Ihr Verführungsopfer wird merken, dass er sich in einer Konkurrenzsituation befindet, er konkurriert mit einem anderen Mann um Ihre Gunst. Und dieser andere Mann ist mindestens ebenso attraktiv wie er selbst. Diese Konkurrenzsituation wird den Ehrgeiz Ihres Opfers und seinen Kämpfergeist wecken. Er wird danach streben, Sie ganz allein zu besitzen!

Von absoluter Wichtigkeit ist auch hier eine subtile Vorgehensweise. Wenn Ihr Verführungsopfer merkt, dass Sie versuchen, ihn eifersüchtig zu machen, wird der Schuss nach hinten losgehen. Ihr Verführungsopfer wird mit Zorn reagieren oder aber Ihr Verhalten als armselig und bemüht entlarven. Ein magisches Dreieck lebt von der puren Präsenz der dritten Person, von einer unterschwelligen, aber doch spürbaren Konkurrenzsituation.

Zur Veranschaulichung hier ein Beispiel:

Barbara ist schon seit längerem in Thomas verliebt. Als die beiden sich kennenlernten, hatten sie eine kleine Affäre, aber nach kurzer Zeit kühlte Thomas' Interesse wieder ab. Um ihn nicht ganz zu verlieren, gibt sich Barbara mit einer Freundschaft zu ihm zufrieden. Den Sommerurlaub verbringt sie mit einer Freundin auf Ibiza. Am Strand erhält Barbara dann eine SMS von Thomas: »Wie geht's, was machst du so?«, ist da zu lesen. Barbara fängt nun an zu überlegen. Was soll sie ihm antworten? Eine Viertelstunde später schreibt sie ihm zurück: »Hallo Thomas, alles super! Liege mit meinem Lover und coolen Cocktails am Strand auf Ibiza, besser könnte es gar nicht sein. Und du? Küsschen, Barbara«.

Diese Antwort war schon deshalb falsch, weil Thomas zu diesem Zeitpunkt genau weiß, dass Barbara noch in ihn verliebt ist. Der Hinweis auf einen neuen Liebhaber wirkt bemüht und ist offensichtlich ein Versuch, ihn zu beeindrucken. Das Dreieck mit dem fiktiven Lover bleibt so völlig wirkungslos. Barbara hätte geschickter vorgehen können:

Die SMS von Thomas wäre erst mal eine ganze Weile unbeantwortet geblieben. Erst einige Tage später hätte sie geantwortet: »Hallo Thomas, bin mit Freunden auf Ibiza. Wirklich eine tolle Insel und super Wetter, liebe Grüße, Barbara«.

Diese SMS enthält folgende Botschaften:

1. Mir geht es gut ohne dich;
2. Ich habe Freunde – vermutlich Männer –, die sich um mich bemühen;

3. Ich habe nicht auf deine SMS gewartet und warte
   auch nicht auf die nächste;
4. Ich reagiere nur freundschaftlich auf dich und nicht
   emotional.

Auf Basis dieser SMS hätte Barbara die Grundlage schaffen können, künftig die Taktik der Lauerstellung bei Thomas anzuwenden – mit deutlich besseren Erfolgsaussichten als zuvor.

Die Frau mit Plan und Prinzip

Wir alle fühlen uns hingezogen zu Menschen, die unserem Leben Richtung geben. Solche Menschen haben einen Plan, eine Vision für sich und ihr Leben. Nur zu gerne lassen wir uns dann fallen und geben uns ganz ihrer Führung hin: Endlich haben wir jemanden gefunden, an den wir glauben können. Menschen, die diese Qualitäten besitzen, nennt man Charismatiker.

Charismatiker verfügen über eine hohe Präsenz. Ohne rational nachvollziehbaren Grund fühlen wir uns zu ihnen hingezogen. Sie strahlen ein starkes Selbstbewusstsein aus, eine Entschlossenheit, bestimmte Ziele und Ideen durchzusetzen. Charisma hat viel mit Illusionen zu tun. In einem Charismatiker meinen wir etwas zu erkennen, was uns selbst fehlt. Seine ruhige Entschlossenheit wirkt wie ein Versprechen. Wir wähnen uns bei ihm in Sicherheit.

Eine Frau mit Plan und Prinzip folgt den Grundsätzen des Charismatikers. Sie hat für ihr Leben genaue Vorstellungen. Sie nimmt sich Ziele vor und setzt sie auch um. Ihre Bestimmtheit und Entschlossenheit machen deutlich, dass sie in der Lage ist, auch andere mitzureißen. Männer lieben klare Strukturen und Regeln! Eine Frau mit Plan und Prinzip zieht ihren Plan durch, und ihre Umgebung folgt ihr gerne, denn ihr Plan scheint gut zu sein. Wenn sie mal schwach ist und ihr Plan nicht so recht funktioniert, lässt sie sich keine Unsicherheit anmerken. Sie bleibt gelassen, gibt sich gelangweilt oder nimmt sich einfach ein bisschen zurück.

Eine Frau mit Plan und Prinzip hat für ihr Leben ihre ganz eigene Richtung, sie weiß, was sie vom Leben will und wie sie es bekommt. Ihr Ziel, irgendwann zu heiraten, hat sie stets im Hinterkopf. Sie strahlt aus und verbalisiert, dass eine Ehe für sie ein ganz natürliches Ziel ist. Irgendwann zu heiraten ist Teil ihres Lebenskonzepts. Wenn der Mann an ihrer Seite das nicht akzeptiert, zieht sie Konsequenzen und verwirklicht ihren Plan notfalls mit einem anderen Mann.

Eine Frau mit Plan und Prinzip stellt für ihre Beziehung feste Regeln auf. Es gibt eine ganze Liste von Dingen, mit denen ein Mann bei ihr nicht durchkommt. Dazu können gehören: Lügen, Fremdgehen oder das kurzfristige Absagen von vereinbarten Treffen. Ihr Freund weiß ganz genau, dass er sich bestimmte Dinge bei ihr nicht erlauben darf. Er kann nicht einfach kurzfristig entscheiden, ob er abends noch bei ihr vorbeikommt oder nicht. Entweder er verbringt den ganzen Abend mit ihr oder sie hat keine Zeit für ihn. Regelmäßig nach Mitternacht noch an ihrer Wohnungstür zu klingeln würde er sich nicht trauen. Schließlich ist sie nicht sein Kindermädchen, das parat steht, wenn er betrunken von einer Party nach Hause kommt.

Eine Frau mit Plan und Prinzip lässt sich nicht davon einschüchtern, wenn die Exfreundin ihres Partners ebenfalls eine beeindruckende Persönlichkeit war. Sie macht deutlich, dass sie keinerlei Notwendigkeit darin sieht, sich mit ihrer Vorgängerin zu messen. Sie hat ihren eigenen Stil und setzt neue Standards. Mit ihr zusammen bricht eine neue Ära an.

Verführung auf der Brücke

Aus den siebziger Jahren stammt ein Experiment, das unter den Liebesforschern der Welt inzwischen Berühmtheit erlangt hat. Es handelt sich um das »Brücken-Experiment«.

In einem Naturpark nahe Vancouver ist die längste Fußgängerhängebrücke der Welt eine Attraktion für Touristen. Es handelt sich um eine äußerst hohe, schmale Brücke, und es ist eine sehr wacklige Angelegenheit, sie zu überqueren. Ein kleines Stück entfernt befindet sich eine zweite, sehr solide Brücke aus robustem Holz. Ein Team von Psychologen führte folgenden Versuch durch: Eine attraktive Mitarbeiterin des Teams postierte sich zunächst auf der wackligen Hängebrücke und danach auf der soliden Holzbrücke. Auf beiden Brücken ließ sie männliche Passanten einen Fragebogen ausfüllen und bot ihnen danach ihre Telefonnummer mit dem vielsagenden Hinweis an, dass sie sich ja mal melden könnten, wenn sie Näheres zu der Studie erfahren wollten. Das Ergebnis war erstaunlich: Die Hälfte der befragten Männer auf der Hängebrücke nutzte die Chance, sich später bei der Frau zu melden. Von den männlichen Passanten auf der robusten Holzbrücke meldete sich hingegen nur ein Achtel.

Dieser Effekt erklärt sich so: Die Sinne der Männer auf der wackligen Hängebrücke waren aufs äußerste geschärft, ihr Blut adrenalingesättigt vom Abenteuer der Brückenüberquerung – und genau in diesem Zustand trafen sie auf die attraktive Mitarbeiterin des Forscherteams. Statt ihre Aufregung allein der wackligen Brücke zuzuschreiben, ordnete ihr Gehirn ihre Aufregung der Frau zu. Die Wissenschaft spricht hier von einer Fehlattribution von Erregung. Physische Erregung, etwa durch Angst oder Sport, wird als Verliebtheit interpretiert, wenn die anwesende Person als Sexualpartner plausibel ist. Begegnet einem unmittelbar nach einem aufregenden Ereignis ein sexuell anziehender Mensch, fällt die eigene emotionale Reaktion stärker aus als sonst. Im Extremfall verliebt man sich sogar.

Bereits der römische Dichter Ovid (43 v. Chr. bis 18 n. Chr.) stellte fest, dass die Umstände einen hohen Einfluss darauf haben, ob wir uns in einen Menschen verlieben oder nicht. Als hätte er um die Erkenntnisse des Brückenexperiments gewusst, empfahl er jungen Männern, mit ihren Angebeteten Orte der Aufregung aufzusuchen, ins Theater zu gehen oder Gladiatorenkämpfe anzuschauen. Ähnlich stellte es der große Verführer Casanova an. Seine bevorzugte Masche war es, die Damen seines Herzens auf opulente Bälle auszuführen. Alle diese Orte haben eins gemeinsam: Sie sind spannend, farbenfroh und aufregend. Sie wecken Emotionen, verzaubern und betören die Sinne.

Die Erkenntnis können wir uns zunutze machen:

Suchen Sie mit Ihrem Verführungsopfer verzaubernde Orte auf. Besuchen Sie zusammen ein Klavierkonzert. Setzen Sie sich in die erste Reihe und lauschen Sie furiosen Sonaten von Liszt und Chopin. Entführen Sie den Mann Ihres Herzens auf eine schillernde Society-Party. Wenn er ein Büromensch ist, wird der Glitzer und Glamour dieser fremden Welt ihn begeistern. Organisieren Sie ein Wochenende in Verona und schauen Sie sich zusammen eine Oper an. Lassen Sie Ihr Date auf einer Kirmes stattfinden und fahren Sie zusammen Geisterbahn. Buchen Sie gemeinsam einen Fallschirmsprung. Schleichen Sie sich nachts in ein Freibad und gehen Sie im Mondschein schwimmen. Organisieren Sie ein opulentes Dinner und laden Sie neben Ihrem Liebsten interessante Gäste aus aller Welt ein.

Teilen Sie mit Ihrem Verführungsopfer ganz besondere Erlebnisse, schaffen Sie gemeinsame Glücksmomente. Ihr Opfer wird Sie mit genau diesen Momenten und Orten assoziieren und Ihnen einen ganz besonderen Platz in seinem Herzen einräumen.

Der richtige Mann

Nie zuvor waren unsere Erwartungen größer, irgendwann im Leben dem einzig Richtigen begegnen zu können. Unsere moderne Gesellschaft scheint uns dafür unendliche Wahlmöglichkeiten zu bieten. Und schon deshalb haben wir die Hoffnung, dass es irgendwo da draußen einen idealen Partner gibt, mit dem zusammen sich ein perfekter Zustand von Glück und Harmonie einstellt. Doch wer sind sie, die geeigneten Heiratskandidaten? Gibt es ihn tatsächlich, den perfekten Mr. Right für unser Leben, und wenn ja, woran erkennen wir ihn?

Genauso wenig wie den Märchenprinzen gibt es den einzig wahren Mr. Right. Aber es gibt viele Kandidaten. Und wenn wir unseren gefunden haben, träumen wir davon, dass es sich um wahre Liebe handelt, die uns entgegengebracht wird. Aber was ist eigentlich wahre Liebe? Vielleicht doch nur eine Illusion, die wie der Märchenprinz ins Reich der Brüder Grimm gehört? Nur ein Mythos, auf den Millionen von Singles vergeblich warten? Oder ist sie vielleicht ein Gefühl? Ein Gefühl, das sich einstellt, wenn wir einen ganz besonderen Menschen gefunden haben?

Regel Nummer sechs

Eine erfolgreiche Ehe ist ein lebenslanges Projekt, gekennzeichnet durch Rücksichtnahme, Lebensklugheit und Vertrauen. Erfolgreiche Paare gehen pragmatisch mit ihren Erwartungen um – sie kennen die oft ganz rationalen Gründe für ihr Glück und im besten Fall auch das Geheimnis der wahren Liebe.

Das Geheimnis wahrer Liebe

Tatsächlich ist die Liebe nicht nur ein Gefühl, sondern sie zeichnet sich auch durch unsere Fähigkeit aus, etwas für einen anderen Menschen zu wollen. Dass wir jemanden wirklich lieben, postuliert sich zuerst einmal darin, dass wir ihn lieben wollen und ihm im täglichen Leben unsere liebevolle Haltung konsequent entgegenbringen.

Das Ideal der wahren Liebe zeichnet sich durch zwei Merkmale aus:

1. Wahre Liebe ist frei von Erwartungen.
2. Wahre Liebe bedeutet Mitgefühl mit den Defiziten des anderen.

Völlig falsch wäre es, Liebe mit Partnerschaft gleichzusetzen. Eine Partnerschaft ist eine Beziehung, die zu bestimmten Konditionen und mit bestimmten Erwartungen eingegangen wird. Sie ist ein bewusster oder unbewusster Vertrag, den zwei Menschen miteinander eingehen. Eine Beziehung an sich hat noch lange nichts mit wahrer Liebe zu tun. Aber lässt sich das Ideal der wahren Liebe zwischen Mann und Frau überhaupt verwirklichen? Schließlich sind wir egoistisch und jeder Mensch im Leben auf sein eigenes Glück und Überleben ausgerichtet.

Kein Zweifel, wahre Liebe ist etwas Besonderes. Haben wir das Gefühl, dass ein Mensch, den wir mögen, uns Zeichen wahrer Liebe entgegenbringt, fühlen wir uns nicht nur geschmeichelt. Wir neigen vielmehr dazu, diesem Menschen mit Haut und Haar zu verfallen. Denn wahre Liebe ist unheimlich verführerisch! Eine Liebe, die frei von Erwartungen ist, erleben wir sonst nur in unserer Kindheit: Unsere Mutter hat sich ohne Bedingungen um unsere Bedürfnisse gekümmert, hat sich unserer Sorgen und Nöte angenommen, sie hat uns geliebt, ohne etwas dafür zu fordern. Diese Form von bedingungsloser Liebe bei einem anderen Menschen wiederzufinden ist etwas sehr Seltenes.

Wenn Sie es schaffen, dem Mann an Ihrer Seite Gesten wahrer Liebe entgegenzubringen, werden Sie einen tiefen Eindruck bei ihm hinterlassen. Er wird sich an die Liebe seiner Mutter erinnert fühlen und eine familiäre Geborgenheit mit Ihnen assoziieren. Befragungen von verheirateten Paaren belegen: Nicht selten sind es solche Gesten, die einen Mann dazu bewegen, um die Hand seiner Partnerin anzuhalten!

Wie können Sie nun Ihrem Partner Gesten wahrer Liebe entgegenbringen?

Hier ein paar Ideen:

· Kümmern Sie sich um ihn, wenn es ihm schlecht geht. Pflegen Sie ihn gesund, wenn er mit einer Grippe im Bett liegt. Stehen Sie mit Obst und Erkältungstropfen vor der Tür, ohne dass er Sie darum gebeten hatte. Seien Sie wie selbstverständlich für ihn da.

· Halten Sie zu ihm, wenn er unter Druck gerät. Verteidigen Sie ihn vor anderen Leuten, wenn er angegriffen wird.

· Wenn er mal wirklich Hilfe braucht, zögern Sie keine Sekunde, sondern seien Sie da, ohne Rücksicht auf Unbequemlichkeiten.

· Wenn ihm etwas richtig Peinliches passiert ist, gehen Sie darüber hinweg, als sei nichts gewesen. Damit zeigen Sie ihm, dass er sich bei Ihnen sicher fühlen kann. Sie tolerieren kleine Schwächen, Sie lassen ihn nicht hängen, wenn er mal nicht stark ist.

· Merken Sie sich seine besonderen Vorlieben und seine besonderen Wünsche. Machen Sie ihm ein ganz besonderes Geschenk, das zeigt, dass Sie genau hingehört haben, was er mag. Eine Geste, die von Liebe zeugt, ist wesentlich wirkungsvoller als jede Art von mündlicher Liebesbekundung!

· Zeigen Sie ihm, dass Sie an seine Zukunft glauben. Zeigen Sie ihm, dass Sie Potenzial in ihm sehen. Unterstützen Sie ihn in seinen beruflichen Plänen.

· Schenken Sie ihm Achtsamkeit. Bleiben Sie auf dem Laufenden darüber, was ihn bewegt und welche Gedanken und Sorgen er mit sich herumträgt. Haken Sie nach und zeigen Sie ihm Ihr Interesse an seinem Leben.

Achtung: Wahre Liebe ist nur dann ein Mittel der Verführung, wenn der Mann an Ihrer Seite eine Königin in Ihnen sieht. Aus einer Position der Schwäche heraus entfalten Gesten wahrer Liebe nur wenig oder gar keine verführerische Wirkung. Sie wirken dann unter Umständen sogar hilflos und bemüht.

Das zweite Merkmal wahrer Liebe ist Mitgefühl mit den Defiziten des anderen. Es geht darum, einen Menschen mit all seinen Schwächen und Ängsten, ganz so wie er ist, anzunehmen. Voraussetzung dafür ist, dass man seine Schwächen und Ängste kennt. Wenn ein Mann merkt, dass

Sie seine Schwächen durchschauen, ihnen aber gleichzeitig Milde und Nachsicht entgegenbringen, hat dies eine hohe verführerische Wirkung auf ihn. Sollten Sie es mit einem sehr selbstbewussten, vielleicht sogar überheblichen Mann zu tun haben, bietet sich manchmal folgende Taktik an: Machen Sie ihm auf subtile Art und Weise seine Schwächen bewusst – und zeigen Sie ihm dann, dass Sie ihn trotzdem lieben. Sie können zum Beispiel seinen Kollegen erwähnen, der gerade den Sprung zum Abteilungsleiter geschafft hat. Oder Sie unterhalten sich in seiner Gegenwart mit einem besonders gut trainierten, sportlichen Kerl. Zeigen Sie Ihrem Liebsten danach durch eine kleine Geste oder einen Kuss, dass er sich Ihrer Liebe immer noch gewiss sein kann. Und das, obwohl er kein Abteilungsleiter ist und statt Waschbrettbauch einen Bauchansatz vorzuweisen hat.

Da wahre Liebe bedingungslos ist, dürfen Sie einem Mann niemals das Gefühl geben, dass Sie ausschließlich aus niederen Motiven mit ihm zusammen sind. Motive wie Geld oder sozialer Status sind nicht verführerisch. Offensichtlich nach Vorteilen gierende Menschen stoßen ab. Wenn der Mann an Ihrer Seite den Verdacht hegt, dass Sie nur mit ihm zusammen sind, weil Sie sich davon Vorteile versprechen, können Gesten wahrer Liebe helfen, seine Zweifel zu zerstreuen.

Generell gilt: Machen Sie sich nicht unglaubwürdig. Wahre Liebe ist etwas Besonderes. Zeichen wahrer Liebe sind nur dann wirksam, wenn sie authentisch, spontan und ohne offensichtliche Hintergedanken erfolgen. Wahre Liebe kommt von Herzen.

Sex

Wenn ein Mann wirklich an Ihnen interessiert ist und eine potenzielle Lebenspartnerin in Ihnen sieht, hat auch er ein Interesse daran, Sie als Person näher kennenzulernen. Er wird sich nicht davon abschrecken lassen, wenn der erste Sex erst nach einer ganzen Reihe von Dates stattfindet. Bei einem ernst zu nehmenden Kandidaten sollten Sie sich daher auf jeden Fall eine Weile Zeit lassen. Zu schnell mit ihm ins Bett zu gehen, kann drei unerwünschte Signale aussenden:

1. Sie machen so was öfters.
2. Sie sind bemüht, ihm zu gefallen.
3. Es geht Ihnen nur um Sex.

All das sind fatale Signale, die es zu vermeiden gilt.

Wenn Sie die Zeit bis zum ersten Sex eine Weile hinauszögern wollen, sollten Sie versuchen, Ihre Dates an möglichst »neutralen« Orten stattfinden zu lassen. Männer mögen es nicht besonders, wenn man ihnen Sex »verspricht«, ohne es zu halten. Gemeinsames Kochen oder abendliches Hinaufbitten in die Wohnung wird von vielen Männern als Versprechen auf Sex interpretiert. Der Mann wird enttäuscht und eventuell vor den Kopf gestoßen sein, wenn das gar nicht Ihre Absicht ist. Solche Missverständnisse gilt es zu vermeiden. Machen Sie tagsüber einen Ausflug oder besuchen Sie gemeinsam eine Ausstellung. Bitten Sie den Mann abends nach einem Date nicht in Ihre Wohnung, sondern beschränken Sie sich auf Küsse vor der Tür.

Hier die wichtigsten Regeln für den ersten Sex mit einem potenziellen Mr. Right, ergänzt um ein paar allgemeine Tipps:

· Wann und wo Sie mit dem Mann das erste Mal Sex haben, ist ganz allein Ihre eigene Entscheidung. Frauen, die geheiratet werden, tun nur das, was ihnen gut tut. Sie fühlen sich zu nichts genötigt und lassen sich nicht zum Sex drängeln.

· Wenn Sie sich dann aber entschieden haben, mit dem Mann zu schlafen, sollten Sie keine Unsicherheit an den Tag legen. Sie sind eine Königin, die weiß, was sie will. Sie mögen Sex und machen es nicht nur, um dem Mann zu gefallen.

· Das wichtigste Merkmal von gutem Sex ist, sich entspannt und unerschrocken zu verhalten. Vergessen Sie Ihre Cellulitepolster oder das Gramm zu viel an den Hüften. Das ist dem Mann nämlich völlig egal. Lassen Sie sich einfach treiben, seien Sie neugierig.

· Beim ersten Sex sollten Sie weder eine große Show hinlegen noch irgendwelche Raffinessen ausprobieren. Lassen Sie sich von dem Mann überraschen und genießen Sie. Wenn Sie ihm einen perfekten Blow Job hinlegen, hat das folgende Aussage:
  1. Sie hatten schon viele Männer, woher sonst käme die Routine?
  2. Sie sind bemüht, ihm zu gefallen, statt selbst am Vergnügen teilzuhaben.

· Eine aktuelle Studie von »female affairs« hat mittels einer großen Befragung untersucht, wonach sich Männer beim Liebesspiel wirklich sehnen. Hier die wichtigsten Ergebnisse: Für Männer ist die Zufriedenheit ihrer Partnerin beim Sex ausgesprochen wichtig. Das entscheidende Kriterium für guten Sex ist, dass beide Partner Spaß daran haben. Die große Mehrheit der Männer wünscht sich eine Partnerin, die auch mal selbst die Initiative ergreift und ihr Verlangen zeigt. Männer wollen eine Partnerin, die mit ihrem Körper zufrieden ist und ihn gerne einsetzt – trotz kleiner Makel, für die sich Frauen oft schämen.

· Nehmen wir an, das erste Mal Sex mit Ihrem Mr. Right liegt bereits hinter Ihnen. Lassen Sie Sex in der Phase des Kennenlernens nicht zur Alltäglichkeit werden! Die Entscheidung, ob und wann Sie Sex haben, liegt weiterhin in Ihrer Hand. Der erste Sex ist kein Freibrief für den Mann, von nun an jeden Abend mit einer DVD unterm Arm vor Ihrer Tür zu stehen. Der romantische Abend zu zweit sollte ein besonderes Ereignis bleiben. Andere Regeln gelten dagegen in einer langjährigen Beziehung: Körperliche Nähe, sei es durch den Austausch von Zärtlichkeiten oder Sex, ist die Voraussetzung für die Ausschüttung des Wohlfühlhormons Oxytocin. Dieses Hormon fördert nicht nur das Wohlbefinden, sondern trägt auch dazu bei, die Bindung eines Liebespaares zu festigen. Dazu kommt: Männer mögen Sex und wollen in der Regel so viel davon kriegen, wie es nur geht. Eine Vielzahl männlicher Seitensprünge erklärt sich dadurch, dass in der bestehenden Beziehung das Sexualleben vernachlässigt wird.

Von sich selbst lernen

Bereits der griechische Arzt Hippokrates teilte rund 400 Jahre vor Christus die Menschen in vier große Gruppen ein. Diese Gruppen nannte er Temperamente. Die Forschung auf dem Gebiet der Genetik und Neurowissenschaft belegt, dass jeder Mensch ein angeborenes Temperament aufweist, einen genetisch festgelegten Kern seiner Persönlichkeit. Temperamentsunterschiede lassen sich bereits bei Kindern im Alter von vier Monaten nachweisen, und Langzeitstudien zeigen, dass unser Temperament von der Jugend bis ins Erwachsenenalter relativ beständig bleibt. Durch unser Temperament wird festgelegt, ob wir ein stiller, ruhiger Mensch sind oder aber ein vorlauter, durchsetzungsstarker Typ. Unser Temperament entscheidet, ob wir eher ängstlich durchs Leben gehen oder dem Leben furchtlos entgegentreten. Ob wir Sicherheit und Stabilität suchen oder auf Nervenkitzel aus sind, ob wir sensibel oder robust reagieren, zur Aktivität neigen oder eher zum Phlegma – all das ist eine Frage der Vererbung. Wir sind jedoch keine Gefangenen unserer Gene. Was wir aus unserem angeborenen Temperament machen, liegt in unseren Händen. Den flexiblen Teil unseres Wesens nennt man Persönlichkeit. Es liegt an uns, das Beste aus uns herauszuholen. Doch spielen können wir immer nur auf der Klaviatur, die uns unser Temperament vorgibt.

Die erste Schlussfolgerung daraus ist: Wir können nicht alles sein, was wir sein möchten. Und die zweite: Unser Temperament ist beständig, es lässt sich durch eine Liebesbeziehung nicht verändern. Wenn wir eine Beziehung eingehen, wünschen wir uns oft, damit unsere eigenen Grenzen zu durchbrechen. Wir glauben, die Liebe könne alles bewirken, und hoffen, mit einem Partner zusammen ein ganz neuer Mensch zu werden. Das ist ein Trugschluss. Wir verlieben uns in einen hitzköpfigen Abenteurer und glauben, dadurch selbst furchtloser zu werden. Wir verehren einen strebsamen Perfektionisten, weil wir unser eigenes Chaos ordnen wollen. Wir suchen uns einen Mann aus, der auf heißblütige Sirenen steht, weil wir hoffen, dass er auch in uns eine feurige Seite entdeckt. Wir stürzen uns in eine dramatische Affäre, obwohl wir gar kein Talent zum Drama haben. Leider sind solche Konstellationen meistens zum Scheitern verurteilt.

Wir können zwar das Beste aus unserem Temperament herausholen, aber nur dadurch, dass wir selbst an uns arbeiten. Wenn wir uns ein anderes Bild von uns selbst wünschen, gelingt dies nur innerhalb bestimmter Grenzen. Und diese Grenzen gilt es zu akzeptieren. Eine Liebesbeziehung lässt uns die Mauern unseres Temperaments nicht durchbrechen. Ganz im Gegenteil. Gehen wir eine Beziehung ein, in der wir unser Temperament verleugnen müssen, dann spielen wir eine Rolle, die wir auf Dauer nicht durchhalten können.

Deshalb ist es wichtig, sich selbst einschätzen zu können.

Sind Sie eine Frau, der keine Herausforderung groß genug ist und die einen fordernden, anspruchsvollen Partner braucht? Oder ist ein fürsorglicher, umsorgender Partner eher das Richtige für Sie? Passten Ihre bisherigen Liebhaber zu Ihrem Temperament oder mussten Sie eine Rolle spielen? Haben Ihre alten Beziehungen Ihnen gut getan, haben Sie wirklich Ihrem Wesen und Ihren Bedürfnissen entsprochen? Konnten Sie so sein, wie Sie wirklich sind?

Das Streben nach Höherem

Wir Frauen wollen einen Partner, der in irgendeiner Weise besser ist als wir selbst. Wir suchen uns einen Mann, zu dem wir aufschauen können. Wir wittern eine Herausforderung und geben alles, um die Zuneigung dieses tollen Mannes zu gewinnen. Gelingt es uns, dann haben wir gewonnen, unser Ego ist gestärkt und unsere Eitelkeit befriedigt. Kein Zweifel, wenn dieser Kerl sich in uns verliebt, dann können wir nur eine tolle Frau sein!

In der Liebe geht es immer auch um Selbstbestätigung. Wir wünschen uns, dass ein ganz besonderer Mensch etwas ganz Besonderes in uns entdeckt. Wir suchen Bestätigung im Blick des anderen. Die Erschaffung und Bestätigung unseres eigenen Wertes ist eine zentrale Antriebsfeder des menschlichen Handelns. Eine erfolgreiche Beziehung ist ein Teil unserer Selbstwertkonstruktion in der Gesellschaft. Wir sind etwas wert, weil ein besonderer Mensch mit uns eine Partnerschaft eingeht, weil wir von einem besonderen Menschen geliebt werden. Das Problem ist, dass wir uns nicht nur einen besonderen Menschen an unserer Seite wünschen. Nein, es sollte möglichst jemand sein, der auch noch besser ist als wir selbst. Und darin liegt das Dilemma: Wenn wir mit einem Mann zusammen sind, der uns überlegen ist, dann schauen wir zu ihm auf. Wir streben danach, zu gefallen. Männer heiraten jedoch auf Augenhöhe. Sie wollen eine Trophäe zur Frau – und nicht selbst eine sein.

Wie lässt sich dieses Dilemma lösen? Wer seine alten Liebesgeschichten rekapituliert, wird feststellen, dass man seine eigenen Defizite nur selbst überwinden kann.

Ob es Eigenschaften wie Coolness und Souveränität

sind, die wir bei einem Mann suchen, Sportlichkeit, Geld oder Geltung, es ist leichter, diese Defizite an sich selbst zu finden und vielleicht sogar für sich selbst zu überwinden, als sie durch einen Partner auszugleichen.

Streicheleinheiten für Ihr Ego dürfen bei der Partnersuche nicht Ihre primäre Antriebsfeder sein. Sobald Sie das Gefühl haben, dass die Zuneigung eines Mannes der Beweis dafür ist, dass Sie eine tolle Frau sind, läuft etwas falsch. Diesen Mann werden Sie nicht heiraten! Männer suchen eine Herausforderung, sie wollen nicht selbst eine sein! Ihre Liebe zu sich selbst darf nichts damit zu tun haben, ob er Sie liebt oder nicht.

Warten Sie nicht auf einen Mann, der Ihnen Ihren Wert bestätigt. Erkennen Sie selbst Ihren Wert. Wenn das geschafft ist, können Sie sich einen Partner aussuchen, der Ihre wirklich wichtigen Bedürfnisse befriedigt. Ihr Bedürfnis nach Sicherheit, Status, Vertrauen oder Freundschaft zum Beispiel. Es führt kein Weg darum herum: Machen Sie aus sich die Frau, die Sie gerne sein wollen. Erst wenn das geschafft ist, klappt es auch mit den Männern. Männer wollen eine Trophäe zur Frau. Wenn Sie geheiratet werden wollen, dann müssen Sie sich einen Mann aussuchen, dem Sie auf Augenhöhe entgegentreten können.

Eine ehrliche Selbsteinschätzung und realistische Erwartungen sind das oberste Gebot bei der Partnersuche. »Glück heißt, seine Grenzen kennen und sie lieben«, hat Romain Rolland gesagt. Wenn das geschafft ist, dann klappt es auch mit dem richtigen Partner!

Entlarven Sie Ihr Beuteschema!

Warum verlieben wir uns eigentlich? Dafür gibt es zuerst einmal diese beiden Erklärungen:

1. Weil wir hoffen, zusammen mit dem geliebten Menschen unsere eigenen Grenzen zu überwinden;
2. Weil unser Ego uns antreibt.

Tatsächlich kann auch die Wissenschaft nicht genau vorhersagen, in wen wir uns verlieben. Die Liebe bleibt ein Mysterium. Viele Liebesbedürfnisse scheinen schon in unserer frühsten Kindheit angelegt zu werden. Wir besetzen bestimmte Eigenschaften und äußere Merkmale als erotisch und anziehend. Doch auch diese frühe Prägung lässt sich nicht zweifelsfrei beweisen, zumal wir zeitlebens neue Erfahrungen sammeln und unsere Bedürfnisse sich verändern. Eins scheint festzustehen: In wen wir uns verlieben, ist eine Frage der Psychologie. Deshalb sollten wir aufdecken, welche psychologischen Grundmuster unserer Partnerwahl zugrunde liegen. Vielleicht können wir daraus für die Zukunft lernen?

Das Verfolgen eigener Wünsche und Sehnsüchte ist ein Teil der Liebe. Wir fühlen uns zu einem Menschen hingezogen, weil wir uns für uns selbst etwas erhoffen. Wir wünschen uns, ergänzt und vervollständigt zu werden. Und nicht nur das: Wir erhoffen uns von dem geliebten Menschen Heilung. Psychotherapeuten gehen davon aus, dass Paare sich häufig aufgrund ihrer Entwicklungsdefizite zusammentun. Oft repräsentiert der gewählte Partner ein bislang ungelöstes Lebens- und Liebesthema. Jeder von uns trägt unbefriedigte Bedürfnisse und emotionale

Verletzungen vergangener Lebensphasen in sich. Durch einen Partner erhoffen wir uns, diese emotionalen Löcher zu stopfen und unsere alten Verletzungen zu heilen.

Vielleicht haben wir unsere Kindheit als lieblos erlebt? Dann wünschen wir uns jemanden, der uns die Geborgenheit gibt, die uns immer gefehlt hat. Vielleicht haben wir uns zu wenig beachtet gefühlt? Dann hoffen wir, bei unserem Partner endlich die Beachtung zu finden, die wir immer vermisst haben. Andererseits haben wir im Laufe unseres Lebens gelernt, mit den Frustrationen unserer Vergangenheit umzugehen. Wir haben Bewältigungsstrategien gefunden und suchen uns nun einen Partner, bei dem wir genau diese Bewältigungsstrategien wieder anwenden können.

So verrückt es ist, oft wählen wir einen Partner, der Ähnlichkeit mit der Bezugsperson hat, von der die Frustrationen unserer Vergangenheit ausgegangen sind. Wir streben danach, unsere vertrauten Emotionen (z. B. das Gefühl, nicht zu genügen) auch bei dem neuen Partner wieder zu erleben. Wir entscheiden uns für das Psycho-Muster, das uns am besten vertraut ist. Auch wenn es uns gar nicht gut tut! Zum Beispiel: Eine Frau, die ihren Vater als kalt und emotionslos erleben musste, wählt einen Mann, der ihr ebenfalls nur wenig Wärme entgegenbringt. Eine andere Frau, die immer Höchstleistungen erbringen musste, damit ihre Eltern stolz auf sie waren, sucht sich einen Partner, der ebenso fordernd und schwer zu beeindrucken ist.

Wir streben nicht nur danach, vertraute Frustrationen wieder zu erleben, nein, wir wünschen uns, die Verletzungen unserer Vergangenheit zu heilen! Wir hoffen, dass es mit dem neuen Partner endlich besser laufen wird, dass wir endlich geliebt und beachtet werden. Wir möchten unsere Vergangenheit überwinden, sie neu oder anders fortsetzen. Das erklärt auch, warum manche Frauen immer wieder Männer wählen, die ihnen gar nicht gut tun. Frauen, die auf diese Weise ihr Unglück wählen, glauben in ihrem tiefsten Inneren, dass sie nicht wirklich liebenswert sind. Statt einen Partner zu akzeptieren, der ihnen Wertschätzung entgegenbringt, suchen sie sich immer wieder jemanden aus, der sie verletzt oder abweist.

Echte Liebe hat nichts zu tun mit Schmerz oder Leid. Echte Liebe erkennen wir daran, dass wir uns geborgen und geschätzt fühlen. Wenn die Männer Ihrer Vergangenheit Ihnen Kummer beschert haben, dann liegt das nicht an Ihnen. Es liegt daran, dass es die falschen Männer für Sie waren. Wer dagegen akzeptiert, das Richtige zu lieben, wird auch den Richtigen finden. Es gibt ihn, den Mann, für den Sie eine tolle Frau sind!

Dass wir bei unserer Partnerwahl unwiderruflich auf ein Beuteschema festgelegt sind, ist ein großer Irrtum. Denken Sie zum Beispiel an Brad Pitt. In die Liste seiner großen Lieben reihen sich die liebreizende Gwyneth, die burschikose Jennifer und zu guter Letzt die verführerische Angelina ein. Brads Beuteschema scheint ziemlich flexibel zu sein. Man könnte auch sagen, er hat sich weiterentwickelt. Es gibt kein ultimativ »richtiges« Beuteschema! Welche Attribute wir an einem Mann als attraktiv bewerten, liegt auch an uns. Wenn es unser Anspruch ist, einen »echten Kerl« abzubekommen, dann muss das nicht unbedingt ein arroganter Italo-Macho sein. Ein echter Kerl kann auch aussehen wie Danny DeVito, eine große Portion Humor haben und auf der Unfallstation im städtischen Krankenhaus Leben retten.

Wenn Sie einen Mann kennenlernen, bei dem Sie das schicksalhafte Gefühl haben, es könnte sich um den Mann Ihrer Träume handeln, dann halten Sie kurz inne und schalten Sie Ihren Verstand ein. Kann dieser Mann bei näherem Hinsehen das Versprechen, das er ausstrahlt, überhaupt einlösen? Was wir in einem Mann zu erkennen meinen, entpuppt sich nicht selten als pure Illusion. Der Schein der Verliebtheit und das Versprechen auf Erlösung können trügerisch sein. Lassen Sie sich nicht täuschen!

Die Komplementaritätshypothese

Warum ein Mensch sich aus einer Vielzahl potenzieller Partner seinen Lebenspartner auswählt, lässt sich wissenschaftlich nicht abschließend erklären. Jede Beziehung ist individuell und einzigartig und das Phänomen der Partnerwahl äußerst komplex. Der bewusst wahrgenommene Teil eines Beziehungsvertrags zwischen einem Paar betrifft den Austausch sich ergänzender Ressourcen (z. B. Schönheit gegen Status). Gleichzeitig tragen die Partner jedoch auch auf einer eher unbewussten Ebene Wünsche aneinander heran. Die hierauf basierende Komplementaritätshypothese besagt, dass die Auswahl des Partners auf Basis sich ergänzender Bedürfnisse erfolgt. Bestimmte Menschen scheinen aufgrund ihrer komplementären Bedürfnisse eine ganz besondere Anziehung aufeinander auszuüben. Die auf diese Weise eingegangenen Bindungskonstellationen sind vielfältig, und es scheint so, dass diese Paare besonders gut zueinander passen.

Eine Frau, die das Bedürfnis hat, zu umsorgen, zieht einen Mann an, der umsorgt werden möchte. Ein Mann, der sich insgeheim wünscht, im Rampenlicht zu stehen, wählt eine Frau, die gerne bewundert und den verkannten Star in ihm entdeckt. Ein stürmischer Eroberer, dem kein Hindernis groß genug ist, fühlt sich zu einer koketten Diva hingezogen, die erobert werden möchte. Ein Mann, der das Drama des Leidens liebt, erliegt dem Bann einer resoluten Powerfrau. Sie wiederum schätzt an ihm seine Treue und Hingabe. Ein Luftikus, der sich weigert, erwachsen zu werden, setzt sein Herz auf eine vernünftige Frau, die den erwachsenen Part in der Beziehung übernimmt. Ihr hingegen mangelt es an Unbeschwertheit, und sie findet

Halt durch seinen liebevollen Optimismus. Ein extrovertierter Erfolgstyp findet seine perfekte Weggefährtin in einer einfühlsamen Diplomatin, die an ihm seine Durchsetzungsstärke liebt. Ein Mann, dem es an Coolness mangelt, wählt eine Frau aus, die cooler ist als er selbst. Dafür fehlt es ihr an Geborgenheit, und er bietet ihr seine starke Schulter zum Anlehnen.

In allen Fällen füllt der Partner beim anderen eine Lücke. Jedem von beiden fehlt etwas, das durch den anderen erfüllt wird. Ein fein abgestimmter, oft unausgesprochener Vertrag verbindet die beiden und schweißt sie zusammen. Solche Beziehungsverträge sind dann kein gutes Arrangement, wenn sie zu gegenseitigen Abhängigkeiten führen. Statt uns selbst mit unseren Schwachstellen auseinanderzusetzen, delegieren wir die Verantwortung auf unseren Partner. Ansonsten sind solche Beziehungskonstellationen aber sehr erfolgversprechend, da die Partner sich ergänzen und gemeinsam Sicherheit finden. Es besteht ein starkes Band zwischen ihnen, das die Grundlage für eine langfristige Beziehung schaffen kann. Wenn es gut läuft, können beide an ihren Schwachstellen arbeiten und gemeinsam aneinander wachsen.

Was lernen wir daraus für die Wahl des richtigen Partners?

Der passende Mann für eine Frau hat etwas, das ihr fehlt, während sie etwas hat, das ihm fehlt. Wenn ein Mann also das fehlende Puzzleteil für sich und sein Leben in Ihnen erkennt, bestehen gute Chancen, eines Tages mit ihm vor dem Altar zu landen.

Das Charles-und-Camilla-Prinzip

Im Jahr 1981 gab es eine märchenhafte Hochzeit. Über siebzig Millionen Menschen schauten weltweit zu, als Prinz Charles auf dem Balkon des Buckingham Palace stand und den Schleier seiner Braut Diana hob, um sie zu küssen. Ein Märchen war in Erfüllung gegangen! Leider war diese Ehe zum Scheitern verurteilt, denn Charles und Diana waren einfach zu verschieden. Als Charles im Jahr 2005 dann seine langjährige Geliebte Camilla heiratete, war das kein großes Medienereignis. Es gibt noch nicht mal ein Foto mit dem Hochzeitskuss. Nur fünfzehntausend Menschen standen an den Straßen von Windsor, um dem frisch getrauten Paar zuzujubeln. Eigentlich schade. Die Ehe ist nämlich ein voller Erfolg. Charles und Camilla scheinen ganz wunderbar miteinander klarzukommen. Camilla sieht nicht besonders gut aus – ähnlich schlecht wie Charles, wie böse Zungen behaupten. Sie hat einen leicht derben Humor, genau wie er. Sie hat zwei Kinder großgezogen und wie er eine gescheiterte Ehe hinter sich. Sie ist Erstgeborene, er ebenfalls. Sie teilen viele Interessen und sind auf Augenhöhe, was Bildung und Verstand angeht. Man kann den beiden nur alles Gute wünschen. Ein überzeugendes Paar, und vor allem: ein glückliches.

Was dieses Paar verbindet, kann man als Charles-und-Camilla-Prinzip verallgemeinern: Das alles entscheidende Merkmal bei der Partnerfindung, darin ist sich die Beziehungsforschung heute einig, lautet »Gleich und Gleich gesellt sich gern«. Dieses Prinzip nennt sich Homogamie und besagt, dass wir Menschen uns bevorzugt einen Partner suchen, der uns in zentralen Bereichen ähnlich ist. Das sind zum Beispiel: Attraktivität, soziales Umfeld, Bildungsniveau, Weltanschauung, Familienbewusstsein und Wertevorstellungen.

In der Phase der Verliebtheit achten wir besonders stark auf Äußerlichkeiten. Wir suchen uns einen Partner, der ähnlich gut aussieht wie wir selbst. Forscher der schottischen Universität St. Andrews haben festgestellt, dass Frauen aus einer Reihe von Männerbildern jeweils das am attraktivsten fanden, das sie selber zeigte. Die Forscher hatten vorher ihre Porträts per Computer in Männergesichter umgewandelt. Tatsächlich weisen viele langjährige Paare eine frappierende Ähnlichkeit auf, nicht selten gleichen sie sich sogar wie Geschwister.

Psychologen haben in den letzten Jahren nachgewiesen, was wir schon immer ahnten: Ein Mann wählt eine Frau, die seiner Mutter ähnelt. Und eine Frau fühlt sich zu Männern hingezogen, die ihrem Vater ähneln. Die Studienergebnisse belegen, dass achtzig Prozent der Menschen sich so verhalten und ihren Partner nach einem Idealbild auswählen, das sie von ihrem gegengeschlechtlichen Elternteil ableiten. Nur zwanzig Prozent wählen entgegengesetzt, d.h. einen Partner, der sie vom Äußeren her nicht an Mutter oder Vater erinnert. Das Interessante ist: Unter diesen zwanzig Prozent gibt es mit Abstand die meisten Trennungen!

Sehr populär sind Geruchsstudien, die zu dem Ergebnis kommen, dass sich Frauen zu Männern hingezogen fühlen, deren Immunsystem-Marker sich stark von ihren eigenen unterscheiden. Das scheint aus biologischer Sicht die Theorie »Gegensätze ziehen sich an« zu stützen. Tatsächlich sind die Ergebnisse aber nicht eindeutig. In aktuellen Geruchsstudien zeigen Frauen sich eher angetan von Männern, die über ähnliche Immun-Marker wie sie selbst verfügen. Die Idee der Anziehung von Gegensätzen lässt sich also aus biologischer Sicht nicht bestätigen.

Besonders ausgeprägt ist das Prinzip der Ähnlichkeiten in Bezug auf das soziale Milieu und das Bildungsniveau. Aus Vorabendserien kennen wir die beliebte Konstellation Arzt verliebt sich in Krankenschwester, und am Ende läuten die Hochzeitsglocken. In der Realität gibt es solche Liebesgeschichten immer seltener. Geheiratet werden in Deutschland meist Partner mit ähnlichem Bildungshintergrund. Die sozialen Schichten bleiben zunehmend unter sich, und vor allem Akademiker schotten sich regelrecht ab. Akademiker heiraten Akademikerinnen, Reiche heiraten Reiche. Und das ist gar kein so neuer Befund: Schon in den siebziger Jahren wurden bereits siebzig Prozent aller Ehen bildungshomogam geschlossen, heute sind es neunzig Prozent. Das Modell Arzt heiratet Krankenschwester gibt es also kaum. Als Ursache dafür wird u. a. die Bildungsexpansion der letzten Jahrzehnte gesehen, die vor allem Mädchen förderte. Da immer mehr Frauen unabhängig und erwerbstätig sind, können die Männer sich Partnerinnen suchen, die wie sie selbst gute Berufsaussichten haben und zum Wohl der Familie beitragen können. Der Vorteil bildungshomogamer Beziehungen ist: Das Zusammenleben funktioniert reibungsloser, die Differenzen sind geringer.

Auch in anderen Lebensbereichen setzen wir auf Ähnlichkeit. Generell bevorzugen wir einen Partner, der ähnliche Lebenserfahrungen gemacht hat wie wir selbst. Unsere gemeinsamen Erfahrungen sind der Kitt, der uns zusammenhält. Einzelkinder fühlen sich oft zu Einzelkindern hingezogen, Zweitgeborene zu Zweitgeborenen. Fleißige Menschen wählen sich fleißige Partner, psychisch stabile Menschen bevorzugen psychisch stabile Partner. Auch in Bezug auf unsere Wertvorstellungen und unsere Einstellung zur Treue gilt der Satz »Gleich und Gleich gesellt sich gern«. Ebenso spielen die Familienverhältnisse eine wichtige Rolle. Amerikanische Studien belegen, dass wir uns zu Menschen hingezogen fühlen, wenn deren Familienleben dem eigenen ähnlich war und die Eltern ähnliche Rollen einnahmen.

Ein Ergebnis der Beziehungsforschung ist mit Blick auf die Kunst, den Richtigen zu finden, von besonderem Interesse: Aus einer Partnerwahl, die auf dem Prinzip der Homogamie basiert, geht oft auch eine glückliche Ehe hervor. Ähnlichkeiten in möglichst vielen Lebensbereichen schaffen demnach die Voraussetzung für eine glückliche Partnerschaft. Sie sind das Schmiermittel einer stabilen Beziehung, denn sie reduzieren die Gefahr aufreibender Konflikte. Langzeitstudien belegen: Paare, die zusammenbleiben, weisen bereits zu Beginn ihrer Beziehung in vielen Bereichen Übereinstimmungen auf. Ein zentrales Geheimnis stabiler Ehen scheint darin zu bestehen, dass man die Welt auf ähnliche Weise erlebt.

Wenn wir verliebt sind, ist es oft das Fremde und Andersartige, das uns zu einem anderen Menschen hinzieht. Die Gegensätzlichkeit ist nicht selten der zentrale Auslöser der Attraktion und lässt die Schmetterlinge höher steigen. Die Phase der Verliebtheit ist aber schnell vorüber, und in der Liebe gelten andere Regeln. Die Liebe prüft genau, sie setzt auf Gemeinsamkeiten. Gegensätzliche Liebespaare trennen sich meistens nach kurzer Zeit wieder.

Was langjährige, glückliche Paare zusammenschweißt, ist Freundschaft. Und Freundschaft basiert auf Ähnlichkeiten, nicht auf Gegensätzen. Sie basiert darauf, dass zwei Menschen sich kennen und verstehen. Dass sie um ihre Schwächen wissen und sich trotzdem schätzen, dass sie ihre Schwächen und Stärken kennen. Dass sie zusammen lachen und weinen können. Und darauf, dass sie ähnliche Ziele und Prinzipien für ihr Leben haben.

Bei der Partnersuche sollten wir das Prinzip der Homogamie also stets im Hinterkopf behalten. Warum in die Ferne schweifen, wenn das Gute so nahe liegt? Suchen Sie in Ihrem unmittelbaren sozialen Umfeld nach Ihrem Mann fürs Leben. Durchforsten Sie Ihren Freundes- und Bekanntenkreis. Prüfen Sie genau: Gibt es Männer in Ihrem Leben, mit denen Sie viel gemeinsam haben, gute Freunde oder Kollegen, mit denen Sie sich verbunden fühlen, die Sie aber noch nie als potenzielle Kandidaten in Erwägung gezogen haben?

Verabschieden Sie sich von der Idee, dass Sie Ihrem Mr. Right auf einer Party in St. Tropez oder bei einem VIP-Empfang in Berlin begegnen könnten. Die Millionäre, die dort unterwegs sind, wollen sich amüsieren. Auf der Suche nach ihrer Frau fürs Leben sind sie dort nicht. Die suchen sie sich viel lieber in ihrem noblen Freundeskreis aus.

Die Hoffnung, durch einen Mann sozial aufzusteigen, mag sich in Einzelfällen erfüllen. Die Regel ist es aber nicht, und geschenkt wird uns nichts im Leben. Die oberen Schichten der Gesellschaft bleiben gerne unter sich. Reiche heiraten Reiche, Gebildete heiraten Gebildete. Wenn Sie einen Arzt abbekommen wollen, sollten Sie studieren. An der Uni können Sie sich auf den Mediziner-Partys umschauen, statt als Krankenschwester vergeblich einem umschwärmten Oberarzt hinterher zu schmachten. Machen Sie sich eine Liste mit den wichtigsten Wünschen, die Sie an einen potenziellen Partner haben. Was sind Ihre zwei zentralen Bedürfnisse, die durch eine Beziehung erfüllt werden sollen? Konzentrieren Sie sich bei der Partnersuche auf genau diese Bedürfnisse! Wenn auf Ihrer Wunschliste ganz oben »Seelenverwandtschaft« und »Familie« stehen, dann werden Sie bei »Nervenkitzel« und »Herausforderung« auf Platz drei und vier Abstriche machen müssen.

Kein Mann kann Ihnen alles bieten. Ein immerwährender Zustand des Glücks in allen Lebenssituationen lässt sich nicht erreichen. Egal, welchen Mann Sie wählen. Das Leben ist vielseitig und bunt, es besteht nicht nur aus Glück.

Das richtige Timing

So unromantisch es auch klingt, das richtige Timing ist bei der Partnerwahl ein entscheidender Erfolgsfaktor.

Natürlich sollte jede Frau ihr Leben genießen. Und dazu gehören auch alle möglichen Erfahrungen in der Liebe. Nicht nur die guten, auch die verrückten, die traurigen und die schlechten, die enttäuschenden sind wichtig. Durch sie lernen wir nicht nur die Männer kennen, sondern auch uns selbst.

Leider ist das Leben ungerecht. Ab einem gewissen Alter darf die Liebe für uns Frauen kein Zeitvertreib mehr sein, sondern muss zu einem ernsthaften Projekt werden, wenn wir uns Kinder und Familie wünschen. Denn die biologische Uhr tickt. Erfreulicherweise sind Schwangerschaften mit Ende dreißig heute keine Seltenheit mehr. Die Wahrscheinlichkeit, dass es dann noch klappt, sinkt jedoch erheblich. Und auch die Chance ist geringer, den passenden Partner zu finden. Single-Frauen, die auf die vierzig zugehen, geraten unfreiwillig in die Situation, dass man ihnen Torschlusspanik unterstellt. Eine Frau Ende dreißig kann noch so cool und locker sein. Jeder Mann weiß, wenn es nicht bald klappt mit dem passenden Partner, muss sie ihren Kinderwunsch aufgeben.

Viele tolle Single-Frauen werden es mir bestätigen: Die Jagd nach Mr. Right ist mit Mitte zwanzig noch ein großer Spaß. Ein prickelndes, unterhaltsames Abenteuer. Mit Mitte dreißig ist das anders. Die Jagd wird zur Tortur! Wie mühsam ist es nun, sich nach einem arbeitsreichen Tag noch in eine After-Work-Location zu schleppen. Vor allem, wenn man dort mal wieder feststellt, dass doch nichts Passendes dabei ist. Viel schöner wäre es jetzt auf dem Sofa.

Die Fernbedienung in der Hand und ein lieber Partner daneben, der einem den Nacken krault.

Damit es klappt mit dem Mann fürs Sofa und fürs Leben, gibt es nur eine Empfehlung: Ab Ende zwanzig sollten wir unseren Verstand bei der Partnersuche einschalten und uns ausschließlich auf ernsthafte Heiratskandidaten konzentrieren. So ernüchternd es ist: Mit Ende zwanzig haben Frauen auf dem Heiratsmarkt den höchsten Marktwert! Sie stehen mitten im Leben, sind voller Energie und haben gleichzeitig noch genügend Zeit, den Richtigen zu finden. Zu keinem anderen Zeitpunkt sind Frauen für Männer attraktiver. Gerade erfolgreiche Frauen verpassen es häufig, sich zu binden, wenn ihr Marktwert am höchsten ist. Während die Männer den Verstand einschalten und sesshaft werden, bleiben sie auf der Strecke. Sexy und erfolgreich, aber allein.

Verschwenden Sie also ab Ende zwanzig Ihre Zeit nicht mehr mit sinnlosen Affären und mit Männern, die augenscheinlich für nichts Ernstes taugen. Konzentrieren Sie sich ab jetzt ausschließlich auf Männer, die zum Heiraten bereit sind. Und welche Männer sind das?

Eine in den USA durchgeführte Studie kommt zu dem Ergebnis, dass männliche Hochschulabsolventen eine Hochzeit frühestens in Betracht ziehen, wenn sie sechsundzwanzig sind. Generell ist zu beobachten, dass Männer erst heiraten, wenn sie ihre Ausbildung beendet haben und eine gewisse Zeit lang finanziell auf eigenen Füßen stehen konnten. Angesichts langer Ausbildungszeiten erreichen Akademiker in Deutschland diese Lebensphase oft erst mit Ende zwanzig. Männer, die nach ihrem Studium noch Single sind, legen zudem häufig Wert darauf, erst mal ihre neu gewonnene Freiheit zu genießen. Die Phase als sorgloser Junggeselle wird nicht selten als eigenständiger Lebensabschnitt angesehen. Als Zeit des

Herumstreunens, zwangloser Verabredungen und Affären. In dieser Zeit möchten Männer sich beruflich etablieren – und gleichzeitig ihre Freiheit genießen. Wenn Frauen sich also mit Ende zwanzig bereit für die Ehe fühlen, gilt das noch lange nicht für ihre männlichen Altersgenossen.

Laut Mikrozensus sind deutsche Frauen bei der Hochzeit im Durchschnitt dreißig Jahre alt. Männer hingegen heiraten im Schnitt erst mit dreiunddreißig. Nämlich dann, wenn sie sich materiell abgesichert fühlen und sich beruflich etabliert haben. Bevor ein Mann ernsthaft über Hochzeit und Familie nachdenkt, möchte er die anderen wichtigen Dinge des Lebens so weit wie möglich geregelt haben. Wer Mitte zwanzig ist und bald heiraten will, sollte sich folglich mit Männern treffen, die etwas älter sind und sich in ihrem Beruf etabliert haben.

Und wann ist ein Mann bereit zur Bindung? Um dafür Anhaltspunkte zu finden, müssen Sie Antworten auf zwei Fragen finden: Wie alt fühlt sich der Mann? Und wie sieht es in seinem unmittelbaren Freundes- und Familienkreis aus? Nicht jeder Mann legt Wert auf ein sorgloses Single-Dasein. Männer, die gesetzter und älter aussehen, sind meistens weniger interessiert daran, sich unter das feierwütige Single-Volk zu mischen. Viele sind gar nicht der Typ dafür und fühlen sich dort auch nicht wohl. Solche Männer sind oft früher als andere bereit, sich fest zu binden. Aber auch die herumstreunenden Alpha-Männchen, die ihre Freiheiten zunächst in vollen Zügen genießen, stellen irgendwann fest, dass das Single-Leben nicht mehr so viel Spaß macht. Irgendwann fühlen sie sich dafür nämlich einfach zu alt. Die typischen Bars und Clubs der Szene sind überfüllt von jungen Leuten. Irgendwann gehört man einfach nicht mehr dazu.

Das Alter, ab dem Männer sich in Single-Locations unwohl zu fühlen beginnen, verschiebt sich heute allerdings immer weiter nach hinten. Männliche Akademiker, die im Rudel um die Häuser ziehen, fühlen sich zuweilen auch in ihren Dreißigern noch pudelwohl in der Ausgehszene.

Wenn Sie einen Mann kennenlernen, prüfen Sie genau: Macht ihm sein Single-Leben einen Heidenspaß oder fühlt er sich eigentlich zu alt dafür? Ist er noch in einer Phase, in der er seine Möglichkeiten und Chancen beim weiblichen Geschlecht austestet und auslotet? Oder hat er schon genaue Vorstellungen von seiner Zukunft und seiner Zukünftigen?

Die zweite Frage ist: Was machen seine Freunde? Wenn sein Freundeskreis aus Junggesellen besteht, die noch keinen Gedanken darauf verschwenden, sich fest zu binden, wird es mühsam bis unmöglich sein, in der nächsten Zeit einen ernsthaften Heiratskandidaten aus ihm zu machen. Gibt es hingegen in seinem unmittelbaren Umfeld bereits erste Hochzeiten oder sogar den ein oder anderen Nachwuchs, dann steigen die Chancen ganz erheblich, dass auch er sich demnächst mit diesem Gedanken anfreunden wird. Männer sind Herdentiere, was das Heiraten angeht! »Man heiratet die Person, die zur Hand ist, wenn man am anfälligsten ist«, heißt ein Sprichwort von K. Berwick. Und wann ist ein Mann am anfälligsten dafür zu heiraten? Ganz einfach: Wenn alle guten Freunde um ihn herum glücklich vergeben sind.

Wenn ein Mann die vierzig überschritten hat und bis dahin noch nie vor dem Altar stand, sinkt die Wahrscheinlichkeit, dass er noch heiraten wird, erheblich. Aber auch hier gibt es keine pauschalen Aussagen. Bei manchen Männern in diesem Alter tickt nämlich nun die innere Uhr. Sie sehen sich selbst als Vater, und es wird höchste Zeit, die passende Frau dafür zu finden. Männer mit Familienwunsch stehen meistens auch einer Hochzeit aufgeschlossen gegenüber. Auf der anderen Seite gibt es die Fraktion der eingefleischten Junggesellen, die auch mit über vierzig dem Gedanken an eine Ehe und Kinder wenig abgewinnen können. Sollten Sie die Wahl haben: Wählen Sie lieber einen geschiedenen Mann, als dass Sie sich so einen ewigen Junggesellen aussuchen!

Geschiedene Männer sind durchaus gute Heiratskandidaten. Schließlich haben sie sich schon einmal getraut, eine verbindliche Bindung ist für sie also normal und vorstellbar. Laut Statistik suchen achtzig Prozent der Männer nach einer Scheidung wieder Anschluss. Und 55 Prozent der Männer heiraten binnen fünf Jahren nach der Scheidung erneut. Auch hier gilt es, genau hinzuhören. Hat der Mann sich im Guten von seiner Frau getrennt? Ist das der Fall, dann sollten die Gefühle für seine Exfrau relativ neutral sein. Liegt die Trennung zudem eine Weile zurück, ist es gut möglich, dass dieser Mann wieder heiraten wird. Anders sieht es aus, wenn der Mann seine Exfrau noch liebt oder aber hasst. Immer wenn die Scheidung ein großes emotionales Drama für den Mann war, seine Exfrau ihn betrogen oder hintergangen hat oder er sich um die Zuneigung seiner Kinder gebracht fühlt, gilt es sehr vorsichtig zu sein. Dieser Mann steht dem Thema Ehe vermutlich äußerst kritisch gegenüber.

Abschließend ein paar Tipps zum Thema:

· Wenn Sie bald heiraten möchten, dann sollten Sie die Finger von Männern lassen, die sich gerade beruflich neu orientieren oder noch nicht wissen, was sie als Nächstes in ihrem Leben vorhaben; Männer, die ganz am Beginn ihrer beruflichen Karriere stehen und für nichts anderes in ihrem Leben Zeit und Energie haben, sind keine guten Heiratskandidaten; Männer, die aus einer unglücklichen Beziehung kommen, suchen eher ein liebevolles Ruhekissen als eine Hochzeitskandidatin.

· Wenn ein Mann Ihnen offen sagt, dass er von der Ehe nichts hält und sich auch nicht vorstellen kann zu heiraten, dann sollten Sie sich dringend nach einem anderen umschauen.

· Das Gleiche gilt, wenn ein Mann Ihnen sagt, dass Sie leider nicht die Liebe seines Lebens sind. Männer meinen, was sie sagen! Lassen Sie die Finger von ihm und konzentrieren Sie sich auf aussichtsreichere Kandidaten. Bestenfalls können Sie den Mann als guten Bekannten behalten. Er darf dann gerne aus der Ferne beobachten, was ihm entgeht.

Der Frosch ist ein Prinz

Eine in den USA durchgeführte Befragung von Frauen, die gerade vom Standesamt kamen, hat ergeben, dass jede fünfte der Frauen ihren zukünftigen Ehemann anfangs gar nicht besonders mochte. Erst nach näherem Kennenlernen änderten diese Frauen ihre Meinung. Viele Frauen berichteten zudem, dass sie bei den ersten Dates mit ihren zukünftigen Ehemännern nicht sehr beeindruckt von ihnen waren. Die Männer hätten sich aber nicht abwimmeln lassen. Und tatsächlich ist es ihnen nach einiger Zeit gelungen, doch noch das Herz ihrer Zukünftigen zu erobern. Gar nicht so selten ist es in der Liebe also genauso wie im Märchen, wir müssen bloß einen Frosch küssen – und schon haben wir ihn gefunden, unseren Märchenprinzen.

Regel Nummer sieben

Es gibt sie, die Liebe auf den zweiten oder dritten Blick! Und: Nicht selten ist es ein Frosch, der sich als Mann fürs Leben entpuppt.

Wie sich ein Märchen bewahrheitet

Eine Prinzessin spielte eines schönen Tages mit ihrer Goldkugel an einem Brunnen. Als ihr die Kugel ins Wasser fiel, kam ein Frosch an die Oberfläche und bot ihr seine Hilfe an. Die Prinzessin sollte als Gegenleistung seine Spielgefährtin sein und Tisch und Bett mit ihm teilen. Nachdem sie eingewilligt hatte, erfüllte der Frosch sein Versprechen und holte die Kugel vom Brunnengrund zurück. Die Prinzessin hatte jedoch wenig Lust, ihren Teil der Abmachung einzuhalten. Widerwillig ließ sie den Frosch am Abendmahl im Schloss teilnehmen. Als der Frosch dann neben ihr im Bett nächtigen wollte, platzte ihr der Kragen. Sie hob ihn hoch und warf ihn gegen die Wand. Doch siehe da, plötzlich stand ein schöner Prinz vor ihr. Die Prinzessin verliebte sich, und sie lebten glücklich zusammen bis ans Ende ihrer Tage.

Tatsächlich gibt es zu diesem Märchen eine Theorie, die sogenannte Frosch-Theorie. Und die besagt, man ahnt es schon, dass in so manchem Frosch ein schöner Prinz steckt. Übertragen auf das wahre Leben sind diese Frösche Männer, die wir richtig nett finden, die auf einer Wellenlänge mit uns liegen, die wir sympathisch finden, ohne uns gleich in sie zu verlieben. Kurzum, so ein Frosch hat das Potenzial, ein guter Freund zu sein. Gleichzeitig ist er aber auch ein interessanter Mann und verfügt über die eine oder andere Qualität, die wir durchaus attraktiv finden. Nur leider, mehr ist da nicht. Irgendetwas fehlt, irgendetwas ist nicht perfekt. Es kommt kein Sturm auf, wenn wir ihn sehen. Da ist kein Kribbeln im Bauch.

Nicht selten hat so ein Frosch die Eigenart, dass er sehr anhänglich ist. Er ist nämlich interessiert an uns. Er meldet sich häufig und kann einem damit bisweilen ganz schön auf die Nerven gehen.

In unseren sorglosen Zwanzigern haben wir Frauen meistens wenig Lust, uns um diese Frösche zu kümmern. Größere Herausforderungen liegen vor uns. Wir sind beschäftigt mit den strahlenden Prinzen und finden viel Vergnügen daran, ihnen hinterher zu jagen. Wir brauchen unsere Energie für die umschwärmten Frauenhelden, die eigensinnigen Abenteurer und die coolen Machos. Im Vergleich zu einer heißen Nacht mit ihnen sind die Nettigkeiten eines Frosches wenig wert.

Irgendwann aber wendet sich das Blatt. Spätestens, wenn wir mit dreißig feststellen, dass wir mal wieder Single sind, kommen Zweifel. Die Jagd nach den Prinzen wird immer mühsamer. Und sie frisst Energie. Wer braucht Herausforderungen? Viel schöner wäre es jetzt, sich entspannt zurückzulehnen und zu wissen, wo man hingehört. Die Prinzen sehen vielleicht aus wie Hauptgewinne. Aber was hat man davon, wenn sie sich nicht einlösen lassen? Plötzlich erscheinen die Frösche von damals viel attraktiver. Das wäre jetzt genau das Richtige: ein netter, lieber Mann, der wirklich Interesse an uns hat. Nur leider – die Frösche von einst sind inzwischen längst vergeben. Und die Frösche, die wir jetzt kennenlernen, sind bei weitem nicht mehr so anhänglich wie früher. Denn sie haben reichlich Auswahl und können sich genauso gut bei unseren zwanzigjährigen Konkurrentinnen umschauen. Wie ärgerlich. Wären wir doch nur rechtzeitig auf die Seite der Frösche gewechselt!

Die Verwandlung

Warum offenbart ein Frosch nicht gleich beim ersten Kennenlernen seine Prinzenqualitäten? Die Erklärung ist einfach: Der Frosch hatte noch gar keine Gelegenheit zu zeigen, was in ihm steckt! Verführung funktioniert nur bei einem Opfer, das sich auch verführen lässt. Wenn ein Mann auf den ersten Blick nicht gleich in unser Beuteschema passt, stehen wir ihm erst mal neutral gegenüber. Wir finden ihn vielleicht ganz nett, bleiben aber emotional völlig gleichgültig. Gleichgültigkeit ist der schlimmste Feind der Verführung! Der Mann hat nämlich keine Möglichkeit, auf uns einzuwirken. Ist er nett, finden wir ihn zu nett. Ruft er häufig an, geht er uns auf die Nerven. Schmeichelt er uns, finden wir ihn unbeholfen. Ein wichtiges Werkzeug der Verführung steht ihm nicht zur Verfügung: die Möglichkeit, uns leiden zu lassen.

Erst wenn wir uns entscheiden, diesem Mann doch eine Chance zu geben, kann er sein wahres Potenzial entfalten. Wir sind nun nicht mehr gleichgültig, und er hat die Möglichkeit, uns emotional zu berühren. Manchmal bekommt so ein Frosch im Laufe der Zeit sogar Oberwasser. Während wir langsam den Prinzen in ihm entdecken, verliert er still und heimlich das Interesse. Am Ende kehrt uns dann ein verwandelter Märchenprinz den Rücken, während wir verdattert zurückbleiben und uns fragen, wie es soweit kommen konnte. Natürlich muss es nicht so laufen. Ganz im Gegenteil, wie die Befragung an den Standesämtern belegt!

Und wie kommt es nun, dass so ein Frosch zur Liebe unseres Lebens werden kann? Und das, obwohl wir zu Anfang kein romantisches Kribbeln verspürt haben?

Der Grund ist: Jemanden zu lieben ist eine Entscheidung, und diese Entscheidung liegt allein in unserer Hand. Diese Entscheidung mag von den Schmetterlingen in unserem Bauch getrieben sein – muss es aber nicht. Im Grunde steht es in unserer Macht, jeden beliebigen Menschen zum Zentrum unseres Lebens zu machen! Wenn wir jemanden lieben, dann entscheiden wir uns, ihn zum Zentrum unseres Lebens zu machen. Wir sind keine Gefangenen unserer Libido oder unseres Beuteschemas. Wir haben einen freien Willen: Wen wir zur Liebe unseres Lebens machen, der kann es auch werden.

Als der Hollywood-Star Grace Kelly und Fürst Rainier von Monaco sich in den sechziger Jahren im Schloss von Monaco das erste Mal begegneten, war da nicht viel mehr als ein netter Plausch zwischen ihnen. Grace erzählte ihren Freundinnen später, dass der Nachmittag charmant gewesen sei. Mehr nicht. Die beiden sahen sich danach monatelang nicht wieder. Grace flirtete mit anderen Männern, und Rainier ging seinen Geschäften nach. Statt einer heißen Romanze entspann sich in dieser Zeit eine Brieffreundschaft zwischen ihnen. Wie wir alle wissen, heirateten die beiden später und wurden zu einem der glamourösesten Paare der High Society. Sie führten eine skandalfreie, glückliche Ehe. Als Grace später bei einem Autounfall starb, war Rainier ein gebrochener Mann. Sie war die große Liebe seines Lebens gewesen.

Wenn Sie einen Mann kennenlernen, dann liegt es allein bei Ihnen, wie Sie ihn betrachten. Sie können Ihr Augenmerk auf seine Stärken oder seine Schwächen richten. Sie können sich dazu entscheiden, ihn wegen seines schütteren Haares oder seines Bauchansatzes als unattraktiv einzustufen. Sie können sich aber genauso gut dazu entscheiden, sich auf seinen Charme, seinen Witz oder seine fürsorgliche Art zu konzentrieren und ihm eine Chance zu geben.

Die Welt, in der wir leben, existiert nicht als objektiv vorhandene Wirklichkeit. Die Welt ist ein Konstrukt. Was wir als Wirklichkeit wahrnehmen, erzeugen wir selbst, und zwar mit Hilfe unserer geistigen Fähigkeiten. Die Wirklichkeit ist das, was wir für die Wirklichkeit halten. Und genauso ist es mit einem Mann. Ein Mann ist das, was Sie von ihm halten wollen. Nichts anderes.

Wenn wir einem Menschen mit Wohlwollen entgegentreten, dann mögen wir ihn auch automatisch lieber. Jemanden, den wir liebevoll behandeln, nehmen wir auch automatisch positiver wahr. Das setzt voraus, dass wir den Negativdetektor in unserem Kopf ausschalten und uns bewusst darum bemühen, das Gute und Schöne in ihm zu sehen. Zu lieben bedeutet, einen Menschen als Gesamtperson zu bejahen. Und das ist auch eine Frage des Wollens. Sich dabei mit der Realität abzufinden, ist Grundvoraussetzung dafür, dass Liebe überhaupt möglich wird. Wer sich mit der Unvollkommenheit der Liebe und der Menschen nicht abfinden kann, wird in der Liebe nicht glücklich werden. Er wird unvermeidlich von einer Enttäuschung in die nächste stürzen.

Haben Sie das auch schon mal erlebt: Eine Freundin berichtet Ihnen mit leuchtenden Augen von ihrem neuen Freund. Sie schwärmt von ihm in den höchsten Tönen. Ein wirklich toller Mann und auch noch smart und charmant soll er sein. Als es soweit ist, ihn persönlich kennenzulernen, erwarten Sie, Brad Pitt persönlich gegenüberzutreten. Stattdessen streckt Ihnen ein Durchschnittstyp die Hand entgegen. Sie trauen Ihren Augen nicht. Leidet Ihre Freundin etwa unter Wahrnehmungsstörungen? Oder hat die Liebe sie tatsächlich blind gemacht?

Die Psychologie ist diesem Phänomen inzwischen auf

die Schliche gekommen. Man spricht von »positiven Illusionen«, wenn wir unseren Partner in einem übertrieben vorteilhaften Licht betrachten. Die Beziehungsforschung hat herausgefunden, dass Paare, die sich gegenseitig in so einem positiven Licht sehen, wesentlich glücklicher miteinander sind als solche, die es nicht tun. Die gegenseitige Idealisierung, ohne dabei die Schwächen des anderen zu verkennen, spielt offenbar eine wichtige Rolle für das langfristige Beziehungsglück. Die Wissenschaftler machten zudem folgende Beobachtung: Innerhalb eines Jahres beginnen wir das idealisierte Bild, das unser Partner von uns hat, selbst zu übernehmen. Die Bewunderung des Partners lässt uns tatsächlich aufblühen. Unsere guten Seiten werden zum Leuchten gebracht, unsere Schwächen treten in den Hintergrund. Wir entsprechen immer mehr dem schönen Bild, das der andere von uns hat.

Wenn Sie also einen Frosch kennenlernen, in dem Sie das Potenzial zum Prinzen erkennen, dann können Sie aus ihm tatsächlich einen Prinzen machen! Mit der richtigen »Pflege« lässt sich der Prinz im Frosch hervorlocken. Die Liebe ist nicht blind. Ganz im Gegenteil – sie blickt in die Zukunft.

Die Forschung zeigt also, dass ein Frosch das Zeug zum Prinzen hat. Und auch im wirklichen Leben trifft man immer wieder Frauen, die mit Männern glücklich werden, die anfangs nur das Potenzial zum guten Freund hatten.

Richtig gute Männer sind meistens keine Frauenhelden und beherrschen auch nicht unbedingt die Kunst des Flirtens. Die Spielchen, die zwischen Mann und Frau beim Kennenlernen gespielt werden, sind nicht jedermanns Sache. Und so kommt es, dass richtig gute Männer manchmal richtig schlechte Flirt-Partner sind. Sie sind einfach nicht so geübt darin. Sie sind nervös und brauchen eine Weile, bis sie sich entspannen. Sind die Startschwierigkeiten dann überwunden, entpuppen sie sich nicht selten als sehr charmant und weltgewandt. Wer würde von einem Atomphysiker erwarten, dass er alle Taktiken der Verführung beherrscht? Niemand. Im Flirten ist er vielleicht eher Durchschnitt, dafür aber auf der Gewinnerspur im richtigen Leben.

Im Gegensatz zur Verliebtheit ist die Liebe eine längerfristige Angelegenheit. Ob wir einen Menschen lieben, entscheidet sich nicht beim ersten Kennenlernen. Um das zu ergründen, brauchen wir gut ein Jahr Zeit. Erst dann zeigt sich, ob sich zwischen zwei Menschen eine tiefe Bindung entwickelt und ob das entsteht, was man gemeinhin Liebe nennt. Ihren Traummann werden Sie erst erkennen, wenn Sie ihn näher kennengelernt haben.

Taktiken der Verwandlung

Wenn Sie einen netten Mann kennenlernen, der Ihnen aber mit seiner Anhänglichkeit auf die Nerven geht, dann sollten Sie vorsichtig sein. Erteilen Sie ihm nicht voreilig eine Abfuhr! Fragen Sie sich lieber: Warum geht mir dieser Kerl eigentlich auf die Nerven? Ein Grund könnte sein, dass Sie das Gefühl haben, dass er Sie nicht durchschaut. Er sieht nur Ihre Oberfläche, hat ein überzogen positives Bild von Ihnen, das gar nicht unbedingt der Wahrheit entspricht. Aber muss das zwingend so sein? Vielleicht findet dieser Mann Sie ja wirklich gut? Vielleicht gefallen Sie ihm auch auf den zweiten Blick mit all Ihren Eigenarten und Besonderheiten. Eine andere Erklärung für Ihre Genervtheit könnte sein, dass Sie mit seiner Anerkennung nicht umgehen können. Vielleicht halten Sie sich selbst gar nicht für eine so tolle Frau und verstehen auch nicht, warum dieser Mann das tut. Vielleicht sind Sie einfach etwas anderes gewohnt? Vielleicht waren Ihre Exfreunde eher abweisend und wenig zuvorkommend?

Nur weil ein Mann nett ist, so viel ist sicher, heißt das noch lange nicht, dass seine Zuneigung nichts wert ist! Große Dramatik und überwältigende Emotionen stehen selten am Beginn glücklicher, stabiler Beziehungen. Vielversprechender sind oft die kleinen Flammen, aus denen sich langsam, aber sicher ein stetiges Feuer entwickelt. Schauen Sie sich einen Mann genau an, bevor Sie ihn als lästige Klette abtun! Hinter dem Frosch könnte sich ein schöner Prinz verbergen.

Welche Möglichkeiten gibt es nun, den Prinzen im Frosch hervorzulocken? Die erste Empfehlung lautet: Geben Sie einem Frosch mehr als eine Chance! Wenn das erste Date zwar nett war, Sie aber nicht das Gefühl haben, verliebt zu sein, dann sollten Sie einige Zeit verstreichen lassen und ein zweites Date anberaumen. Männer, die nicht so routiniert sind, offenbaren oft erst nach mehreren Treffen ihr wahres Ich. Während die flirterfahrenen Bad Boys zu Anfang mit ihrer Show beeindrucken und sich später nicht selten als Blender entpuppen, läuft es bei Fröschen oft umgekehrt. Einen Frosch, dessen einziges Manko ist, dass er kein Herzklopfen in Ihnen auslöst, sollten Sie mindestens viermal treffen, bevor Sie ihn als Heiratskandidaten abschreiben!

Ein Frosch verfügt über die eine oder andere Qualität, die Sie interessant finden. Schaffen Sie Gelegenheiten, damit er mit diesen Qualitäten glänzen kann! Handelt es sich vielleicht um einen sehr sportlichen Mann? Dann verabreden Sie sich mit ihm zum Tennis oder schauen Sie ihm beim Fußballspielen zu. Auf dem Platz kann er zeigen, was in ihm steckt, und Sie haben Gelegenheit, ihn zu bewundern. Haben Sie es mit einem geschäftigen Unternehmensberater zu tun? Vielleicht ist er etwas spröde, dafür scheint er aber sehr intelligent zu sein. Besuchen Sie doch einfach mal einen Vortrag, auf dem er Redner ist. Hier können Sie sich von seiner Souveränität und Eloquenz beeindrucken lassen. Handelt es sich vielleicht um einen Naturwissenschaftler, der nur selten abends vor die Tür geht? Dann zerren Sie ihn nicht in eine schicke Szene-Disco, sondern gehen Sie einfach nett mit ihm essen. Sehr oft hört man von Frauen, die Männern einen Korb geben, weil sie den Tanzstil dieser Männer einfach furchtbar finden. Nach dem Motto, so wie er tanzt, ist er vermutlich auch im Bett. Diese Behauptung ist ein Ammenmärchen. Zudem lehrt die Praxis, dass auch Männer in der Lage sind, dazuzulernen. Mit etwas gutem Willen und einer gemeinsamen Tanzstunde kann schon viel Gutes bewirkt werden.

Wenn Sie einen netten Kerl kennengelernt haben, bei dem es aber einfach nicht »Klick« macht, dann gibt es noch ein paar andere Möglichkeiten. Wenden Sie die Taktik der Lauerstellung an und machen Sie den Mann zu einem guten Bekannten. Freundschaften zwischen Männern und Frauen sind heute das Normalste der Welt. Auf diese Weise können Sie ihn ohne Druck besser kennenlernen, und es besteht die Chance, dass Sie später noch einen Prinzen in ihm entdecken.

Ein weiterer Tipp: Stellen Sie den Mann doch einfach mal Ihrer besten Freundin vor. Fragen Sie Ihre Freundin dann nach deren Meinung. Vielleicht findet sie ihn einfach ganz bezaubernd und ist der Meinung, dass Sie beide hervorragend zueinander passen würden? Eine so positive Einschätzung aus dritter Hand kann große Überzeugungsarbeit leisten. Oft empfiehlt es sich, einen Frosch einfach mal in einer anderen Umgebung zu erleben. Nehmen Sie ihn mit auf eine Party. Sollte Ihr Frosch dort von anderen Single-Frauen neugierig beäugt oder gar angeflirtet werden, kann das ungeahnte Emotionen in Ihnen auslösen. Nicht ausgeschlossen, dass der Frosch in einem ganz neuen Licht erstrahlt und Sie echte Prinzen-Qualitäten in ihm entdecken! Sie wissen ja: Begehrenswert zu sein ist eine soziale Illusion.

Der Umgang mit Fröschen

Nachdem manchen Fröschen das Potenzial zum Prinzen innewohnt, empfiehlt es sich, pfleglich mit ihnen umzugehen: Auch wenn Ihnen gerade die Muße fehlt, sich intensiver mit ihnen zu befassen. Irgendwann kommt der Moment, in dem Sie an sie zurückdenken, und spätestens dann wird Ihnen auffallen, dass es mindestens drei nette Frösche gab, die das Zeug für »mehr« gehabt hätten. Was machen diese Männer wohl heute? Was mag aus ihnen geworden sein? Wäre es nicht vielleicht nett, wieder Kontakt zu ihnen aufzunehmen?

Das Internet glüht förmlich von Suchmaschinen, mit denen Menschen aus aller Welt ihre Schulfreunde, ihre Jugendlieben und Bekannten aus längst vergangenen Cliquen wiederzufinden hoffen. Manche suchen nach ihren alten Flammen aus Jugendtagen, andere stöbern ganz generell nach alten Freunden und Bekannten. Die Idee, alte Lieben neu zu beleben, ist nicht nur spannend, sondern auch erfolgversprechend.

Für eine Studie an der California State University wurden rund 2000 Fälle wiederbelebter Jugendlieben gesammelt und untersucht. Die Auswertung zeigt, dass fast drei Viertel dieser wiedervereinigten Pärchen nach zehn Jahren immer noch zusammen sind. Die Stabilität solcher aufgefrischten Jugendlieben erklären sich die Psychologen vor allem dadurch, dass die betreffenden Paare zusammen aufgewachsen sind und jahrelang gleiche Werte und Freunde teilten.

Ist es nicht gut möglich, dass auch Sie irgendwann den Kontakt zu den Fröschen Ihrer Vergangenheit wiederbeleben möchten? Sei es, weil Sie gerade Single sind, oder auch nur, um Ihren Bekanntenkreis aufzufrischen. Schon deshalb gilt: Verderben Sie es sich nie mit einem Frosch! Wenn Sie sich mit einem Mann verabreden, der doch nicht ganz Ihren Vorstellungen entspricht, ziehen Sie sich geschickt aus der Affäre. Sagen Sie ihm nicht: »Sorry, du bist es einfach nicht für mich.« Sagen Sie ihm: »Du bist wirklich ein toller Kerl, aber ich brauche im Moment meine Freiheit.« Geben Sie ihm keinen niederschmetternden Korb, sondern behalten Sie ihn als guten Bekannten im Auge. Auf diese Weise wird sein Ego geschont, und Sie halten sich für die Zukunft alle Optionen offen. Gerade in unseren Zwanzigern sind wir Frauen oft von Heerscharen interessierter Junggesellen umgeben. Brüskieren Sie niemanden und erteilen Sie keine barschen Abfuhren! Bleiben Sie immer charmant und freundlich. Vertrösten Sie Ihre Verehrer auf die Zukunft. Gesteht Ihnen ein guter Freund seine Liebe, dann sagen Sie ihm nicht: »Sorry, Schatz, aber mit deinem Bauchansatz kommst du für mich wirklich nicht in Frage.« Sagen Sie ihm: »Schatz, wenn wir in drei Jahren noch solo sind, dann heiraten wir!« In drei Jahren ist Ihr guter Freund vielleicht der gertenschlanke Geschäftsführer eines aufstrebenden IT-Unternehmens. Und Sie sind Single. Wäre doch nett, ihn dann immer noch zu kennen?

Seien Sie behutsam mit den Fröschen. Schlagen Sie keine Türen hinter sich zu. Frauen, die geheiratet werden, laufen keinen Träumen hinterher und greifen nicht nach den Sternen. Für sie sind auch Frösche potenzielle Heiratskandidaten, die genau geprüft werden. Und hat so ein Frosch nicht auch große Vorteile? Allein schon deswegen, weil man neben ihm auch selbst mal Frosch sein darf?

»Wer vom Glück immer nur träumt, darf sich nicht wundern, wenn er es verschläft«, sagte der Schauspieler Ernst Deutsch. Wozu dem Glück hinterherjagen? Das Glück ist da, man muss es nur sehen. Und man muss es leben, und zwar sein eigenes Glück. Wenn man dabei noch einen lieben Partner hat, mit dem man es teilen kann, dann ist das Glück perfekt.

Ein Beispiel: Claudia, Mitte dreißig und seit einigen Jahren solo, gehört zur Gattung anspruchsvoller Großstadtsingle. Es gibt kaum einen Mann, an dem sie nicht irgendetwas auszusetzen hätte. Mal ist er zu alt, mal zu dick, mal zu durchschnittlich. Die Idee, sich für einen Frosch zu entscheiden, hält sie für wenig verlockend. Denn diese Entscheidung hat ihren Preis. Sie bedeutet Verzicht, nämlich den Verzicht auf attraktivere Optionen. Möglicherweise den Verzicht auf den Traummann, der noch irgendwo da draußen wartet?

Claudias Einstellung ist typisch. Aber leider auch sehr naiv. Denn realistisch betrachtet entgehen ihr keine Optionen. Claudia geht im Durchschnitt alle zwei Wochen einmal abends aus. Meistens auf einen Drink mit Kollegen. Ihr letzter ernsthafter Flirt an so einem Abend liegt über ein halbes Jahr zurück. Ansonsten trifft sie sich am liebsten mit Freundinnen zum Kino oder Theater, besucht ihre verheiratete Schwester oder unternimmt Radtouren. Wo sind die Optionen, die ihr entgehen könnten?

Als Claudia durch ihre Freundin Karin deren altem Freund Christoph vorgestellt wurde, war sie zwar freundlich, aber schon nach ein paar Sätzen wurde deutlich: Claudia war völlig desinteressiert. Von Karin später dazu befragt, erklärte sie, Christoph sei ja sehr nett, aber einfach nicht ihr Typ. Tatsächlich sieht Christoph nicht aus wie George Clooney, dafür ist er aber sehr unterhaltsam, unkompliziert im Umgang und außerdem gut vernetzt. Karin hat er später erklärt, dass er Claudia, wenn sie auch nur etwas charmanter ihm gegenüber gewesen wäre, gern zu einem schicken Gala-Event mitgenommen hätte, das am nächsten Abend stattfand. Ärgerlich für Claudia. Dort

hätte sie nicht nur Christophs Freunde kennenlernen können, sondern auch noch Dutzende erfolgreicher Frankfur-
ter Geschäftsmänner. Wer weiß, vielleicht wäre ihr dort ja
auch endlich George Clooney über den Weg gelaufen?

 8.

Das Dornröschen-Dilemma

Es war einmal eine Prinzessin, die Dornröschen genannt wurde, ein entzückendes Mädchen, gesegnet mit Reichtum und allen guten Tugenden. Dummerweise hatte eine böse Fee sie mit einem Zauber belegt, der Dornröschen und mit ihr den ganzen Hofstaat an ihrem fünfzehnten Geburtstag in einen hundertjährigen Schlaf fallen ließ. Doch so schlimm war das gar nicht. Während Dornröschen schlummerte, bemühten sich viele holde Prinzen, zu ihr in das dornenumrankte Schloss zu gelangen. Ein tapferer Königssohn schaffte es schließlich. Mit einem Kuss weckte er Dornröschen aus ihrem Schlaf. Sie heirateten und lebten glücklich bis ans Ende ihrer Tage.

Was für ein schönes Märchen. Und wie schön wäre es, wenn es im wahren Leben genauso laufen würde. Leider ist genau das Gegenteil der Fall: Frauen der Sorte Dornröschen bleiben häufig Single. Besonders Karrierefrauen haben ein Dilemma, das ihnen die Suche nach Mr. Right erschwert. Das weisen viele Studien nach. Ein Grund, den Kopf in den Sand zu stecken, muss das aber nicht sein. Ganz im Gegenteil!

Regel Nummer acht

Und es gibt sie doch, die Männer, die erfolgreiche Frauen sexy finden! Viele Karrierefrauen haben Mann und Kind zu Hause. Aber wie haben sie das geschafft? Diese Frauen haben ihr Ziel, den Mann fürs Leben zu finden, nie aus den Augen verloren und vor allem früh mit der Suche nach Mr. Right begonnen.

Schwer vermittelbar?

Frauen wie Dornröschen sind zwar Prinzessinnen. Aber sie haben Eigenschaften, die sie auf dem Heiratsmarkt zu schwer vermittelbaren Kandidatinnen machen. Tatsächlich haben sie sogar deutlich verminderte Chancen, irgendwann von ihrem Traumprinzen wachgeküsst zu werden. Diese Prinzessinnen verbindet ein Dornröschen-Dilemma:

Die schlafende Prinzessin ist ein großer Fan von Märchen. Sie liegt zu Hause auf dem Sofa und tut es ihrem Vorbild Dornröschen gleich, schlummert und wartet auf den Märchenprinzen. Irgendwann wird er schon vorbeikommen und sie wach küssen. Warum selbst aktiv werden? Diese Prinzessin will gefunden werden.

Die verwöhnte Prinzessin hat eine hohe Meinung von sich selbst und hält sich für einen besonders guten Fang. Von ihrem Prinzen hat sie genaue Vorstellungen. Arzt oder Anwalt sollte er sein, und ein schönes Zuhause wäre ihr sehr wichtig. Ach ja, gutes Aussehen ist selbstverständlich, und die Körperfettwerte ihres Zukünftigen sollten nicht über fünfzehn Prozent liegen. Schließlich hat sie selbst ja auch eine tolle Figur.

In den Großstädten ist die Gattung der verwöhnten Prinzessinnen besonders weit verbreitet. Die Zeitschrift Stern hat kürzlich eine von ihnen vorgestellt. Nennen wir sie Lisa, ehemaliges Model und jetzt hauptberuflich Fitnesstrainerin in München. Lisa lässt mit ihrer Optik zwar Männerträume wahr werden, nur den Mann fürs Leben hat sie noch nicht gefunden. Aber wie hätte das auch klappen können? Gerade in einer so überschaubaren Stadt wie München. Wie viele Männer würden hier wohl überhaupt für sie in Frage kommen? Vielleicht fünfzig? Blödsinn, sagt Lisa, vielleicht fünf.

Die Panik-Prinzessin hat bis vor kurzem ein sorgloses Leben geführt. Doch die Jahre sind schnell vergangen. Inzwischen ist sie Mitte dreißig, und die innere Uhr verschafft sich Gehör. Und zwar mit einem ohrenbetäubenden Ticken. Der Mann fürs Leben muss her, und zwar schnell. Dates werden zu knallharten Bewerbungsrunden. Flirten ist jetzt sekundär, stattdessen werden die Eckdaten abgeprüft. Kommt der Bewerber als Familienvater in Frage, stimmen die Finanzen, wie sieht es mit dem Job aus? Wurde ein geeigneter Prinz identifiziert, verschwendet die Panik-Prinzessin keine Zeit mehr. Während sie plant, den Anwärter dingfest zu machen, nimmt der die Beine unter die Arme und nimmt Reißaus.

Die Karriere-Prinzessin ist der einzig wirklich tragische Fall unter den Prinzessinnen mit einem Dornröschen-Dilemma. Ehrgeiz, Intelligenz und Erfolg im Beruf sind ihre hervorstechenden Merkmale. Eine wirklich tolle Frau. Nur mit dem Mann fürs Leben hat es nicht geklappt. Es gibt ihn nicht, den ganz besonderen Menschen, mit dem sie ihre beruflichen Erfolge feiern könnte. Und niemand wartet auf sie, wenn sie abends spät von der Arbeit heimkommt.

Die Karriere-Falle

Im Durchschnitt bekommt in Deutschland jede Frau 1,36 Kinder. Das ist einer der niedrigsten Werte weltweit. Der Anteil der Frauen, die kinderlos bleiben, hat in den vergangenen Jahrzehnten enorm zugenommen. Und eine Gruppe von Frauen ist von diesem Phänomen besonders stark betroffen: die Karriere-Prinzessinnen. In dieser Gruppe der sehr gut ausgebildeten Frauen ist jede vierte Frau von über vierzig Jahren kinderlos. Aber es ist nicht der Egoismus der Karriere-Prinzessinnen, der dazu führt, dass sie keine Kinder bekommen. Es ist das Fehlen eines geeigneten Partners! Sind Karriere-Prinzessinnen nämlich verheiratet, bleiben sie ebenso selten oder häufig kinderlos wie alle anderen Frauen. Eine wirklich niederschmetternde Erkenntnis für alle, die in ihrem Leben Erfolg und Liebe vereinbaren wollen. Dabei haben wir Frauen es weit gebracht. Die Zahl der berufstätigen Akademikerinnen stieg in Deutschland zwischen 1991 und 2004 um siebzig Prozent, bei den Männern betrug der Zuwachs nur zwanzig Prozent. Heute sind 54 Prozent aller Erstsemester an den Universitäten weiblich. Und genau da offenbart sich das zentrale Problem: Auf dem Heiratsmarkt fehlt es an männlichen Spitzenkräften!

Eine Karriere-Prinzessin könnte von ihrem Einkommen zwar mühelos eine Familie finanzieren. Aber das will sie nicht. Sie will den richtigen Typ Mann neben sich, der das erledigt. Den Ernährer-Typ, der noch mehr verdient als sie und zu dem sie aufschauen kann. Da kommen wenige Männer in Frage. Je erfolgreicher die Karriere-Prinzessin ist, desto dünner wird für sie die Luft am Heiratsmarkt. Es fehlt die Auswahl an ranghöheren Single-Männern.

Aber warum suchen wir Frauen eigentlich immer noch nach dem Ernährer-Typ, obwohl wir uns schon lange selbst ernähren?

Das Phänomen hat biologische Gründe. Während der ganzen Geschichte der Menschheit haben Frauen intelligente, einflussreiche Männer bevorzugt. Denn mit ihnen ergaben sich die besten Voraussetzungen für sozialen Erfolg und schlaue Kinder. Tatsächlich ist dieses Auswahlverhalten der Frauen sogar eine Erklärung für das stetige Gehirnwachstum der Menschheit. Weltweit kann auch heute nachgewiesen werden, dass Frauen gebildete Männer mit höherem sozialen Status bevorzugen. Es ist illusorisch anzunehmen, dass Frauen dieses Suchschema jemals aufgeben werden. Laut Statistik heiraten heute 92 Prozent aller Frauen einen höher oder gleich gut ausgebildeten Mann. Gleichzeitig bleiben immer mehr hoch qualifizierte Frauen alleine, weil sie keinen geeigneten Partner finden.

Aber es gibt noch einen anderen Grund, warum erfolgreiche Frauen schlechte Karten auf dem Heiratsmarkt haben. Es liegt an den Männern, Männer mögen keine Karriere-Frauen. In einer Studie der Universitäten Aberdeen, Bristol und Glasgow wurden die Auswirkungen des Intelligenzquotienten bei Mann und Frau untersucht. Das Ergebnis: Je klüger ein Mann ist und je höher seine berufliche Stellung, desto größer sind seine Chancen auf dem Heiratsmarkt. Mit jeder Steigerung des IQ um 16 Punkte steigen die Heiratschancen eines Mannes um 35 Prozent. Bei Frauen hingegen sinken sie um vierzig Prozent!

In einer großen Befragung der Online-Partnervermittlung ElitePartner stellte sich heraus, dass Männer zwar intelligente und unabhängige Frauen mögen. Aber karriereorientiert und gut verdienend sollten sie nicht unbedingt sein. Nur 25 Prozent der befragten Männer sehen es gerne, wenn ihre Partnerin erfolgreich im Berufsleben steht. Männer sind verunsichert, wenn ihre Frauen mehr verdienen. Den Status des Ernährers beanspruchen sie nämlich für sich selbst. Sie ziehen aus ihm einen Großteil ihres männlichen Selbstverständnisses! In einer kürzlich durchgeführten Brigitte-Studie war es vierzig Prozent der befragten Männer »sehr wichtig«, mehr Geld zu verdienen als ihre Frauen. Ein hohes Einkommen ist für sie gleichbedeutend mit Macht und Männlichkeit. Und dafür wollen Männer gerne hart und viel arbeiten. Ein ganzer Mann muss in der Lage sein, seine Familie zu ernähren. Wer das nicht kann, ist nur ein halber Mann. Die Kinderbetreuung hingegen stufen die meisten Männer immer noch vorrangig als Frauensache ein.

Und damit sind wir bei einer weiteren Erklärung dafür, warum Karriere-Frauen schlechte Karten auf dem Heiratsmarkt haben. Je erfolgreicher ein Mann ist, desto eher wählt er eine Partnerin aus, die ihm in einer langen Arbeitswoche privat den Rücken frei hält. Er will eine Frau, die ihm ein schönes Zuhause bereitet, sich um den Freundeskreis kümmert und die Kinder betreut. Eine Karriere-Frau hat dafür keine Zeit – und vielleicht auch keine Lust? Für eine Karriere-Frau kommt nichts Geringeres als ein Karriere-Mann in Frage. Ein Karriere-Mann hingegen braucht keine Karriere-Frau. Warum auch, für die Pflege von Kind und Heim ist eine Karriere eher hinderlich. Seine Frau darf gerne gebildet und intelligent sein – nur allzu viel arbeiten sollte sie nicht unbedingt. In einer Untersuchung fanden Forscher der Universität Edinburgh heraus, dass finanziell hochpotente Männer fast ausnahmslos die junge, nette Angepasste gegenüber der erfolgreichen Karrierefrau bevorzugen. Am angenehmsten ist solchen Männern ganz offensichtlich eine Partnerin, die mit ihren eigenen Bedürfnissen weitgehend verschmilzt.

Manche Forscher gehen noch einen Schritt weiter. Sie behaupten, erfolgreiche Frauen seien Männern allein schon wegen ihrer Intelligenz suspekt. Schließlich befähigt Intelligenz auch zu Intrigen und Betrug. Eine etwas harmlosere Frau ist da viel leichter zu handhaben. Und auch bei der Familienbetreuung ist mehr Verlass auf sie.

Das Fazit aus allen Studien und Statistiken ist: Sehr gut ausgebildete Frauen haben deutlich verringerte Chancen zu heiraten. Besonders tragisch daran ist, dass diese Frauen sich darüber selbst nicht im Klaren sind! Viele Karriere-Prinzessinnen glauben, ihr Erfolg mache sie automatisch zu attraktiven Kandidatinnen auf dem Heiratsmarkt. Tatsächlich übersehen sie, dass genau das Gegenteil der Fall ist.

Dornröschens Rettung

Die Universität ist für Akademikerinnen nachweislich der ideale Ort für eine erfolgreiche Partnersuche. Studien belegen, dass Akademiker bei ihrer Suche nach Freunden und Partnern sehr stark auf die Institute und Einrichtungen fokussiert sind, in denen sie lernen oder arbeiten. Das Single-Risiko ist für Akademiker deshalb besonders hoch, wenn sie ihr Diplom bereits in der Tasche haben. Karriere-Prinzessinnen sollten sich daher gründlich an der Universität umschauen. Die Jagdbedingungen sind hier ideal! Der Anteil von Frauen und Männern ist nahezu ausgeglichen, und die Studenten befinden sich in einer Phase, in der jeder anfängt, sein Leben abseits des Elternhauses neu zu arrangieren.

Karriere-Prinzessinnen, die nach der Universität noch Single sind, haben es nicht so leicht. Ihr wichtigstes Erfolgsrezept ist es, trotz langer Arbeitszeiten die Suche nach Mr. Right stets im Kopf zu behalten. Schließlich gibt es sie, die Männer, die in Frage kommen – aber: Die Auswahl ist begrenzt! Und schon deshalb sollten Karriere-Prinzessinnen die Suche nicht allein dem Zufall überlassen.

Mangelnde Aktivität ist einer der Hauptgründe für das Single-Dasein vieler Karriere-Prinzessinnen. Studien belegen, dass Menschen mit höherem Bildungsgrad ein Freizeitverhalten an den Tag legen, das die Partnersuche zusätzlich erschwert. Sie treffen sich abends mit wenigen engen Freunden zu Hause, statt auszugehen. Das mag die bequemste und gemütlichste Art und Weise sein, einen Samstagabend zu verbringen. Aber einen Traummann hat auf diese Weise noch niemand gefunden.

Viele Karriere-Prinzessinnen werden jetzt mit dem Kopf schütteln. Aktivität ist ja schön und gut. Aber woher soll man nach einem Zwölf-Stunden-Arbeitstag die Energie dafür nehmen? Richtig ist: Für einen Zwölf-Stunden-Arbeitstag haben Karriere-Frauen sich irgendwann ganz bewusst entschieden. Solche Arbeitszeiten schlagen sich in einem attraktiven Gehalt nieder. Aber macht dieses Gehalt tatsächlich glücklicher? Die Glücksforschung hat dazu eine interessante Meinung: Ein höheres Einkommen macht zwar tatsächlich glücklicher – aber nur bis zu einer bestimmten Grenze. Bis zu einem Nettoeinkommen von 2500 Euro monatlich steigt die Glückskurve mit jeder Gehaltssteigerung an. Ab diesem Betrag ist dann Schluss, mehr Gehalt macht nicht mehr signifikant glücklicher! Fazit: Eine Großverdienerin, die jedes Jahr hunderttausend Euro nach Hause trägt, hat zwar die eine oder andere Gucci-Tasche mehr im Schrank, genießt dadurch aber keine weitere Steigerung ihrer Lebensqualität.

Es sind die einfachen Dinge des Lebens, die glücklich machen. Ausreichend Bewegung, Schlaf und ein funktionierender Familien- und Freundeskreis gehören dazu. Und auch eine glückliche Partnerschaft. Wer dieses Glück zugunsten seiner Arbeitszeiten opfert, der trifft eine bewusste Entscheidung. Eine Entscheidung, die schon viele Karriere-Prinzessinnen irgendwann bereut haben.

Zu guter Letzt noch zwei wichtige Hinweise für die Suche nach Mr. Right. Viele Karriere-Prinzessinnen haben es verlernt zu flirten! Im Job müssen sie tough sein, Entscheidungen fällen und hart verhandeln. Und mit dem gleichen Ernst gehen sie dann auch an ein romantisches Date heran. Vergessen Sie die Arbeit und entspannen Sie sich! Sie müssen hier keinen Vertrag verhandeln. Flirten Sie einfach und zeigen Sie, dass Sie ein Leben außerhalb des Büros haben. Nehmen Sie sich nicht zu ernst, beweisen Sie Humor und Charme. Bei einem Date sind Sie eine Frau – keine Geschäftsfrau. Denken Sie daran: Ihr Gegenüber möchte sich bei diesem Date entspannen und von seinem stressigen Arbeitstag ablenken lassen. Er will keine Frau, die mit ihm die neuste Gesetzesänderung im Steuerstrafrecht diskutiert. Er will eine Frau, die ihm die Welt abseits des grauen Büroalltags eröffnet!

Der zweite Hinweis betrifft das Suchschema der Prinzessinnen: Erweitern Sie Ihren Fokus! Viele tolle Frauen bleiben solo, weil sie mit überzogenen Erwartungen auf die Suche gehen. Sie suchen das »Besondere« und geben sich nur mit Männern zufrieden, die eine echte Herausforderung darstellen. Damit beschränken Sie Ihr Jagdrevier, und die Gefahr ist groß, dass Sie alleine bleiben. Gucken Sie sich auf Augenhöhe um! Hier gibt es viel mehr Auswahl.

Wer als Anwältin unbedingt einen millionenschweren Kanzleipartner abbekommen möchte, wird nur mit sehr viel Glück zum Zuge kommen. Wer hingegen auch die große Zahl gleichrangiger Associates in Betracht zieht, hat deutlich bessere Erfolgsaussichten. Und gute Männer haben das Potenzial zur Entwicklung. Aus einem fleißigen Associate kann mit etwas Glück ein erfolgreicher Kanzleipartner werden. Schlau ist die Frau, die rechtzeitig zugreift. Eins ist nämlich klar: Dieser Mann wird eine Frau bevorzugen, die ihn bereits ohne gefülltes Konto und großen Wagen für einen tollen Kerl hielt. Gute Männer halten sich fern von Frauen, die mit Dollar-Zeichen in den Augen auf der Suche nach dem Goldesel sind. Bevor ein Mann so eine Frau wählt, heiratet er lieber seine Liebe aus Jugendtagen.

Manchmal lohnt auch ein Blick über den Tellerrand. Männlichkeit ist nicht automatisch gleichbedeutend mit hohem Status und Einkommen. Schlaue Karrierefrauen öffnen ihren Horizont. Sie wissen, dass es auch unter den unkonventionellen, kreativen und hemdsärmeligen Männern echte Kerle gibt. Warum sollte eine erfolgreiche Powerfrau, die im Beruf Mut und Risikobereitschaft beweist, nicht auch im Privatleben neue Wege einschlagen? Was ist mit Luigi, dem charmanten Koch beim Nobel-Italiener um die Ecke? Was ist mit Thomas, dem gut trainierten Fitnesscoach? Unter solchen Männern können ganz reizende Exemplare versteckt sein, die sich nicht selten als viel beziehungstauglicher entpuppen als vielbeschäftigte Top-Manager. Das Zeitalter der althergebrachten Rollenverständnisse ist vorbei. Warum sollte eine schicke PR-Managerin nicht mit einem jungen Koch liiert sein? Was spricht dagegen, wenn bei einer erfolgreichen Fernsehmoderatorin der ältere Ehemann, der schon in Rente gegangen ist, zu Hause die zwei Kinder betreut? Die Gesellschaft hat nichts dagegen einzuwenden. Also halten auch Sie die Augen offen, gehen Sie neue Wege.

 # Gelegenheit macht Liebe!

Es ist wie beim Angeln. Meint man, endlich einen guten Fisch am Haken zu haben, entpuppt der sich nicht selten als Ausschussware, und die Suche geht von vorne los. Gerade in den Großstädten sind Heerscharen bindungsscheuer Männer unterwegs, denen keine Frau es recht machen kann, und die lieber von einer Beziehung in die nächste stolpern als sich ja zu früh festzulegen. Wir alle können ein Lied davon singen.

Eins steht fest: Es gibt geeignete Kandidaten, die irgendwo da draußen auf uns warten. Darunter den Richtigen zu finden ist natürlich kein Kinderspiel. Ganz im Gegenteil, manchmal kann es mühselig sein. Es gibt eine interessante Untersuchung zu der Frage, wie lange wir suchen müssen, um den richtigen Partner zu finden. Der Evolutions-Psychologe Peter Todd fand mit Hilfe einer Computersimulation heraus, dass man im Durchschnitt zwölf Partner testen muss, um dann beim dreizehnten fündig zu werden.

Regel Nummer neun

Enttäuschungen sind bei der Suche nach Mr. Right unvermeidbar. Frauen, die geheiratet werden, lassen sich von Fehlschlägen in der Liebe nicht unterkriegen. Denn sie wissen, dass die Liebe ein Spiel ist, bei dem man mal verliert und mal gewinnt.

Das Gebot der großen Zahl

Ob der Funke überspringt, ob die Hoffnungen und Erwartungen, die Lebensstile und Einstellungen von zwei Menschen kompatibel sind – es lässt sich nicht vorhersagen. Am Ende ist es auch eine Frage des Zufalls, ob wir dem geeigneten Partner für unser Leben begegnen. Das ist eine ernüchternde Erkenntnis, den Mann fürs Leben gibt es nicht geschenkt. Wer sich zurücklehnt und wie Dornröschen auf den Märchenprinzen wartet, läuft Gefahr, alleine zu bleiben. Ob wir dem Richtigen begegnen, ist eine Frage von Wahrscheinlichkeiten. Je älter wir werden, desto geringer die Wahrscheinlichkeit, fündig zu werden. Denn fernab von Universität und Single-Szene bieten sich immer weniger Gelegenheiten, dem Richtigen zu begegnen. Und auch unsere hohen Ansprüche machen die Suche nicht gerade leichter. Aber es besteht kein Anlass, die Flinte ins Korn zu werfen. Denn wir können unsere Erfolgswahrscheinlichkeit erhöhen, indem wir dem Zufall selbst auf die Sprünge helfen! Und dafür müssen wir das Gebot der großen Zahl beachten. Das besagt, Single-Frauen sollten versuchen, so viele Heiratskandidaten wie möglich kennenzulernen. Es gilt, den See, in dem man angelt, aktiv zu vergrößern. Je größer der See, desto höher die Wahrscheinlichkeit, darin einen geeigneten Fisch zu finden. Die Auswahlgruppe möglicher Kandidaten muss so groß gemacht werden, wie es nur geht!

Damit das klappen kann, sind vor allem gute Freundinnen unentbehrlich. Sie fungieren als Multiplikatoren. Gute Freundinnen stellen sich gegenseitig männliche Bekannte vor, organisieren Partys und planen gemeinsam ihre knappe Freizeit. Jede Einzelne sollte sich Gedanken darüber machen, wo und wie man geeignete Männer kennenlernen könnte. Jede Einzelne verfügt über eigene Kontakte und Netzwerke, die interessante Events oder Veranstaltungen versprechen. Zehn Ohren hören mehr als zwei! Firmen- oder Messeveranstaltungen, Sommerfeste in Tennis- oder Rudervereinen, Weihnachtsfeiern von Banken oder Börsenclubs – alles höchst vielversprechende Events, um interessanten Männern zu begegnen.

Eine Möglichkeit, geeignete Kandidaten kennenzulernen, ist und bleibt das abendliche Ausgehen. Während Discotheken und Clubs eher bei den Jüngeren beliebt sind, findet man in den After-Work-Locations und Bars der Städte heute Berufstätige aller Altersklassen. Um es vorwegzuschicken: Bars und Clubs sind nicht der ideale Ort, um den Mann fürs Leben kennenzulernen! Auch wenn man gemeinsam mit Hunderten von Junggesellen auf einer schicken Dachterrasse seinen Feierabend-Cocktail schlürft, heißt das noch lange nicht, dass man einen von ihnen näher kennenlernt. Vor allem in den Großstädten herrscht vielfach eine große soziale Distanz. Man bleibt unter sich und verlässt das Lokal mit denselben Kollegen oder Freunden, mit denen man es betreten hat. Jemand Neues kennenzulernen ist eher die Ausnahme als die Regel. Wirklich schade – das finden auch viele Männer.

Das Gebot der großen Zahl besagt, dass Sie gezielt auf die Suche gehen müssen. Ein Ausgehabend muss dazu genutzt werden, neue Bekanntschaften zu machen – alles andere ist ein Misserfolg! An einem Abend in einer After-Work-Location sind gute Freundinnen unverzichtbar. Ziel an so einem Abend sollte es sein, dass Sie als Gruppe mindestens zwei neue männliche Bekanntschaften machen! Schließlich opfern Sie gerade Ihre wertvolle Freizeit und sind umgeben von zahlreichen potenziellen Kandidaten.

Schauen Sie aufmerksam in die Runde und überlegen Sie gemeinsam, welche der anwesenden Männer rein optisch für Sie in Frage kommen. Da die Geschmäcker bekanntlich verschieden sind, wird hoffentlich für jede von Ihnen ein interessanter Kandidat dabei sein. Ziel ist es nun, dass jede als »Ansprecher« für den Lieblingskandidaten der jeweils anderen auftritt. Wenn Ihr Favorit der große Blonde an der hinteren Theke ist, dann ist es die Aufgabe Ihrer Freundinnen, diesen Mann für die Gruppe anzusprechen. Egal wie sie es machen, Ihre Freundinnen haben nichts zu verlieren, schließlich ist der Mann nicht ihr eigener Favorit. Ist erst mal der erste Schritt getan, ist es ein Leichtes, mit dem Mann näher ins Gespräch zu kommen. Auch wenn die neuen Bekanntschaften an diesem Abend nicht Ihre Traummänner sind. Nett sind sie bestimmt. Und vielleicht haben sie ja interessante Freunde, die beim nächsten Mal dabei sind?

Beim Ausgehen ist es das oberste Ziel, auf lockere Art und Weise mit interessanten Kandidaten in Kontakt zu kommen. Um dabei erfolgreich zu sein, empfiehlt sich die Taktik des »Suchens ohne zu suchen«. Was bedeutet das?

Es gibt Frauen, denen man abends sofort ansieht, dass sie auf der Jagd sind. Solche Frauen gehen nach der Arbeit erst mal nach Hause und ziehen sich um. Sie werfen sich in ein kleines Schwarzes und begeben sich dann fein herausgeputzt in eine der angesagten Bars. Das ist der falsche Weg! Schlauere Frauen gehen zwar nach der Arbeit kurz nach Hause. Aber statt sich in feine Abendgarderobe zu zwängen, machen sie sich nur frisch, legen ein bisschen Parfum nach und ziehen ein möglichst lässiges Outfit an. Vielleicht einfach nur eine frische Bluse, die etwas weiter aufgeknöpft ist. Wenn sie dann in eine Bar kommen, unterstellt ihnen niemand, dass sie gezielt auf der Suche nach Anschluss sind. Sie sind hier einfach nur zufällig nach der

Arbeit vorbeigekommen und wollen sich amüsieren. Sie sind nicht »auf der Suche«. Diese Selbstzufriedenheit wirkt äußerst attraktiv. Der Trick dieser Frauen ist es aber, dass sie trotz ihrer augenscheinlichen Entspanntheit sehr genau die Augen offenhalten.

Seien Sie ansprechbar! Ansprechbar zu sein bedeutet, dass Sie sich nicht nur mit Ihren Freundinnen unterhalten. Sie müssen freundlich in die Runde blicken! Schauen Sie sich immer wieder um und checken Sie den Raum nach interessanten Männern ab. In einer Studie wurde herausgefunden, dass Menschen es als attraktiv bewerten, wenn sie direkt angeschaut werden. Mit anderen Worten: Männer finden es sexy, wenn eine Frau mit ihnen direkten Blickkontakt aufnimmt. Dabei ist reiner Narzissmus im Spiel: Wir fühlen uns zu Menschen hingezogen, die uns anschauen und attraktiv finden.

Männer fühlen sich geschmeichelt, wenn sie angesprochen werden! Wenn Sie einen interessanten Kandidaten erspäht haben, spricht nichts dagegen, selbst Kontakt mit ihm aufzunehmen. Es ist weder peinlich noch aufdringlich. Sollte der Mann Sie ebenfalls interessant finden, wird er Ihnen dankbar sein, denn Sie ersparen ihm den ersten Schritt. Wenn Sie ihn ansprechen, beschränken Sie sich auf einen lockeren Spruch, einen kurzen Kommentar zur Musik oder zur Qualität der Veranstaltung. Ganz egal, was Sie sagen, wichtig ist nur, dass Sie es nett sagen und dabei lächeln. Damit brechen Sie das Eis. Alles Weitere sollte dann beim Mann liegen. Ist er interessiert, wird er den Faden aufnehmen. Falls nicht, haben Sie auch nichts verloren.

Nehmen wir an, Sie hatten an einem Abend mehrfach Augenkontakt mit einem Mann, aber es hat sich keine Gelegenheit ergeben, mit ihm zu sprechen. Drücken Sie ihm beim Rausgehen einfach Ihre Visitenkarte in die Hand.

Glauben Sie mir: Der Mann wird beeindruckt sein! So was passiert ihm nämlich nicht alle Tage. So eine Aktion widerspricht keineswegs den Prinzipien der Königlichkeit. Sie machen zwar den ersten Schritt, aber alles Weitere liegt beim Mann. Sollten Sie sich mit ihm auf ein Date treffen, verhalten Sie sich einfach genauso würdevoll und königlich wie zuvor gelernt.

Ansprechbar zu sein ist generell ein wichtiges Erfolgsrezept beim Gebot der großen Zahl. Männer kann man immer und überall kennenlernen, im Supermarkt, an der Tankstelle, beim Spazierengehen oder im Wartezimmer beim Arzt. Üben Sie es, freundlich und flirtbereit zu sein und mit Männern locker ins Gespräch zu kommen. Gelegenheit macht Liebe! Vor allem beim Weggehen gilt: Männer suchen sich realistische Ziele aus und sprechen Frauen an, die ausstrahlen, dass sie ansprechbar sind. In eine geschlossene Runde, die offensichtlich unter sich bleiben möchte, wird sich kaum ein Mann einmischen. Auch wenn er Sie noch so attraktiv findet.

Übrigens: Laut Emnid sind Büros und Betriebe die zweitwichtigste Kontaktbörse nach Bars und Discotheken. Vor allem für Akademikerinnen gilt: Schauen Sie sich im Büro um! In einer Studie der Fernuniversität Hagen gaben 32 Prozent aller Befragten mit Abitur an, ihren Lebenspartner in Bildungs- und Berufseinrichtungen gefunden zu haben. Wenn das Unternehmen, in dem Sie arbeiten, keinerlei Fischgründe liefert, sollten Sie in Erwägung ziehen, den Arbeitgeber zu wechseln. Denken Sie daran, der Arbeitsplatz ist ein idealer Ort, um Freundschaften zu knüpfen und interessanten Männern zu begegnen. Beweisen Sie Flexibilität, wechseln Sie lieber den Job, als jahrelang in einer Single-feindlichen Umgebung zu verharren! Die besten Chancen bei der Partnersuche bieten sich in den Metropolen: Mit einem Single-Anteil von rund 27 Prozent liegen München, Hamburg oder Berlin deutlich über dem bundesweiten Mittel.

Wie bereits erwähnt, sind Bars und Szene-Locations nicht der ideale Ort für die Partnersuche. Viel erfolgversprechendere Orte und Events sind zum Beispiel Sportflugplätze, Oldtimertreffen oder Whisky- oder Weinmessen. Wer sich hier mit Freundinnen umschaut, hat reichlich Auswahl an interessanten Kandidaten. Zudem gibt es in vielen Städten Sportbars, in denen bei wichtigen Spielen Männer aller Art zusammenkommen. Auch im Museum kann man Männer kennenlernen, in Frankfurt bietet sich für Kunstinteressierte beispielsweise der Städelclub an. Es spricht auch nichts dagegen, mal etwas Ausgefallenes zu probieren. Beim Jumpingdinner treffen sich mehrere Singles, und es wird ein Drei-Gänge-Menü serviert. Jeder Gang findet bei einem anderen, noch unbekannten Teilnehmer statt. Zusammen kochen, essen und sich dabei besser kennenlernen – eine nette Art und Weise, seinen Bekanntenkreis zu erweitern. Auch Speed-Dating kann Spaß machen, wenn man es zusammen mit Freundinnen ausprobiert. Eine deutsche Studie kam zu dem Ergebnis, dass bei einem Speed-Dating-Event mit rund zwanzig Teilnehmern im Durchschnitt eine längere Beziehung herauskommt, immerhin.

Das Gebot der großen Zahl besagt: Werden Sie aktiv und suchen Sie parallel auf allen Kanälen! Machen Sie es zu Ihrem Hobby, neue Leute kennenzulernen. Wer nach Freizeitbeschäftigungen sucht, bei denen man ganz nebenbei auch noch Männer kennenlernen kann, hat vielerlei Möglichkeiten: Engagieren Sie sich in einer Partei, in einer Kirche, in einem Bürgertreff, bei einem Kinderhilfswerk oder bei UNICEF. Schließen Sie sich Netzwerken an, die Aussicht auf interessante Kontakte versprechen. Interessant für anspruchsvolle Akademiker ist der Lionsclub. Hier engagiert man sich sozial und lernt dabei auf ungezwungene Art und Weise neue Leute kennen. Ganz ohne den oberflächlichen Small Talk in rauchigen After-Work-Locations.

So unromantisch es auch klingt, einer der effizientesten Wege, einen Partner zu suchen, ist heute das Internet. Keine Single-Frau in den Dreißigern sollte auf diesen Weg verzichten, wenn sie in nächster Zeit ihren Mann fürs Leben kennenlernen möchte! Unschlagbares Argument ist schlicht und ergreifend die große Auswahl. Fast jeder, der mal Single war, hat sich schon auf einer der Dating-Börsen im Internet umgeschaut. Dementsprechend groß und vielseitig ist die Klientel an Männern, die man hier potenziell kennenlernen kann. Vom erfolgreichen Investmentbanker, der keine Zeit für Bars oder Discotheken hat, bis zum netten Handwerker, der endlich die große Liebe finden will, sind hier alle sozialen Schichten vertreten. Ein großer Vorteil des Internets ist der Bequemlichkeitsaspekt. Statt sich abends aufwendig zurecht gemacht unter das Partyvolk zu mischen, bleibt man einfach auf dem Sofa sitzen, legt die Beine hoch und surft im Netz.

Achtung: Werden Sie nicht zum Junkie! Stundenlange Chats mit virtuellen Märchenprinzen und nächtelanges Surfen entsprechen nicht dem Gebot der großen Zahl! Das Internet ist nur ein Weg von vielen, dem Richtigen zu begegnen. Dementsprechend sollten Sie dem virtuellen Flirt nicht Ihre ganze Freizeit opfern. Bei der Suche im Internet gilt es, gezielt und effizient vorzugehen. Ziel ist es, möglichst viele geeignete Kandidaten ausfindig zu machen und diese dann zeitnah auf ihre Tauglichkeit in der realen Welt zu überprüfen. Erster Schritt ist die Auswahl einer Dating-Plattform. Generell gilt: Qualität kostet Geld! Auf der unabhängigen Seite www.singleboersen-vergleich.de

können Sie sich mit Hilfe von Stiftung Warentest einen Überblick verschaffen. Mit europaweit acht Millionen Mitgliedern empfiehlt sich für Akademiker zum Beispiel der Marktführer Parship. Wer hier ein aufwendiges Persönlichkeitsprofil anlegt und monatlich eine recht stattliche Gebühr entrichtet, der meint es mit ziemlicher Sicherheit ernst mit der Partnersuche. Die Plattform setzt mit handgeprüften Profilen auf Niveau und Seriosität und schützt ihre Mitglieder durch verschwommen angezeigte Profilfotos.

Wenn Sie sich angemeldet haben, folgt das Erstellen Ihres Profils, bzw. die Selbstbeschreibung im Stil von »Ich über mich«. Seien Sie selbstbewusst und betrachten Sie Ihr Profil als Werbung in eigener Sache. Stellen Sie kurz, aber knackig Ihre Vorzüge dar, beispielsweise »aparte Kinderärztin mit Stil und Humor sucht männliches Pendant auf Augenhöhe«. Prägnante Aussagen sind Trumpf, ausschweifende Selbstdarstellungen kommen nicht gut an. Denken Sie daran, Männer sind Fans des Objektiven! Männer mögen es, wenn man ihnen ohne Umschweife sagt, was Sache ist und ihnen gleichzeitig Lust auf mehr macht. Formulierungen wie »einsame Kuschelkatze möchte sich endlich wieder verlieben« sind fehl am Platz, denn sie zeigen, dass die Schreiberin verzweifelt auf der Suche ist. Und dass sie das world wide web als Heil bringenden Weg betrachtet, nun endlich dem Richtigen zu begegnen. So etwas mögen Männer nicht. Männer mögen Frauen, die die virtuelle Suche nicht allzu ernst nehmen. Männer mögen Frauen, die das Internet als einen Weg von vielen betrachten, einen passenden Partner kennenzulernen. Ein heiterer, unverkrampfter Unterton ist daher oberstes Gebot. Humor kommt immer gut an, und eine Prise Selbstironie kann auch nie schaden.

Wenn Sie einen oder mehrere interessante Kandidaten

identifiziert haben, steht der Realitätscheck an. Ergehen Sie sich nicht in endlosen E-Mails oder Chats. Wer Ihnen auf dem Bildschirm sympathisch ist, muss es noch lange nicht im wahren Leben sein. Wenn die Eckdaten stimmen, verabreden Sie sich zu einem Telefonat, und wenn hier alles passt, auch bald zu einem Treffen.

Ein Freitag- oder Samstagabend-Date bekommt nur jemand, bei dem Sie ein wirklich gutes Gefühl haben. Bei allen anderen Internet-Dates sollte der Zeitaufwand für Sie so gering wie möglich sein. Verabreden Sie sich zum Lunchen in der Mittagspause oder auf einen Kaffee nach der Arbeit. Sagen Sie gleich bei der Begrüßung, dass Sie nur eine halbe Stunde Zeit haben. Denken Sie daran, die Suche im Internet ist wie Angeln in einem tiefen See. Es kann sein, dass Sie zwanzigmal die Angel auswerfen müssen, bis endlich ein geeignetes Exemplar am Haken hängt. Die Zeit, die Sie Ihren Internet-Dates widmen, sollte daher möglichst knapp gehalten werden. Sonst wird die virtuelle Jagd schnell zu einem zeitaufwendigen Hobby, und es besteht Gefahr, dass Sie die Lust an der Sache verlieren!

Ein paar Dinge sollten Sie mit Blick auf Ihre Sicherheit auf jeden Fall beachten: Wenn Sie mit Ihrem virtuellen Kontakt telefonieren, schalten Sie die Rufnummern-Übertragung Ihres Telefons aus! Auf diese Weise vermeiden Sie später Belästigungen, wenn Ihr Kontakt sich als Fehlgriff entpuppt. Treffen Sie sich nur an belebten Orten. Lassen Sie sich bei den ersten Dates nicht von zu Hause abholen oder danach nach Hause bringen. Grundsätzlich gilt: Sammeln Sie möglichst viele Informationen über Ihre Date-Partner, aber seien Sie sparsam damit, eigene herauszugeben. Lassen Sie sich Zeit mit dem Kennenlernen!

Abschließend ist festzuhalten: Wer den Richtigen finden will, muss aktiv werden und suchen. Aber auch beim Gebot der großen Zahl gilt: Irgendwann ist Schluss! Frauen, die bei jedem netten Mann, den sie kennenlernen, das Gefühl haben, da könnte noch was Besseres kommen, laufen Gefahr, alleine zu bleiben.

Diese Beobachtung ist sogar wissenschaftlich untermauert worden. In einer Computersimulation hat der Evolutions-Psychologe Peter Todd hundert Cyber-Singles mit unterschiedlichen Attraktivitätswerten aufeinander treffen lassen. Dabei stellte sich heraus: Es lohnt sich nicht, zu lange nach dem richtigen Partner zu suchen! Nach etwa zwölf berührenden Begegnungen mit dem anderen Geschlecht haben wir ein relativ genaues Bild von unserem Wunschpartner. Noch weitere Kandidaten zu testen bringt daher kaum Mehrwert. Wer länger abwartet und nach dreißig Flirts und Affären immer noch denkt, es könnte noch was Besseres kommen, tut sich damit keinen Gefallen. Die anspruchsvollen Zögerer unter den Cyber-Singles mussten am Ende mit Partnern unter ihrem Niveau vorliebnehmen oder blieben sogar ganz alleine, weil die attraktiven Partner schon weggeheiratet worden waren!

Wer einen in jeder Hinsicht maximal perfekten Partner sucht, kann lange suchen. Besser fährt, wer weiß, was er sucht, seine Anspruchsschwelle genau auslotet und mit realistischem Blick auf die Jagd geht.

Erklimme den Altar!

Nehmen wir an, Sie haben Ihren Mr. Right gefunden und führen mit ihm seit geraumer Zeit eine Beziehung. Eigentlich ist alles perfekt, und es könnte ewig so weitergehen. Sie finden, dass es Zeit ist, Nägel mit Köpfen zu machen. Nur leider – der Liebste kommt partout nicht mit der alles entscheidenden Frage um die Ecke. Was ist zu tun? Wie bekommt man einen Mann vor den Altar?

Regel Nummer zehn

Spätestens am Ende des zweiten gemeinsamen Jahres sollte Mr. Right einen Antrag gemacht haben. Falls nicht, ist es höchste Zeit, das Thema selbst auf den Tisch zu bringen!

Warum heiraten?

Zunächst sollten Sie für sich persönlich klären, was die Ehe für Sie bedeutet. Warum ist Ihnen der Ring am Finger wichtig? Wenn Sie Ihren Freund davon überzeugen wollen, dass es nichts Besseres gibt als zu heiraten, müssen Sie selbst von diesem Schritt überzeugt sein! Unverheiratetes Zusammenleben ist heute nichts Ungewöhnliches mehr. Was in den siebziger Jahren noch als »wilde Ehe« galt, ist heute normal. Wer Kinder, gesellschaftliche Anerkennung und finanzielle Sicherheit will, braucht dafür heute keinen Ehering mehr. Umso wichtiger ist es, dass Sie genau wissen, warum die Ehe für Sie trotzdem wichtig ist!

Ein Argument für die Ehe ist zweifellos ihre hohe symbolische Bedeutung. Heiraten ist ein Zeichen. Ein Zeichen dafür, dass man es ernst meint mit dem anderen. Wer »ja« zu seinem Partner sagt, erklärt die Testphase für beendet und steht für eventuelle andere Partner nicht mehr zur Verfügung. Wer ja sagt, bringt vor aller Welt zum Ausdruck: Ja, wir gehören zusammen, ja, wir planen gemeinsam unsere Zukunft. So veraltet die Institution Ehe erscheinen mag, am Ende des Tages ist sie die stärkste Form der Bindung, die zwei Menschen miteinander eingehen können. Und damit gilt: Die Ehe ist nicht nur ein formaler Schritt, die Ehe ist bedeutungsvoll für die Liebe!

Auch die Glücksforscher können der Institution Ehe viel Gutes abgewinnen. Quer durch sechzehn Länder und durch zahlreiche ethnische Gruppen konnte nachgewiesen werden, dass Verheiratete generell glücklicher sind als unverheiratet Zusammenlebende und Singles. Verheiratete Frauen und Männer sind weniger krank als Alleinstehende, erholen sich schneller von Schicksalsschlägen und haben einen gesünderen Lebenswandel. Auch wenn der Glückslevel von Singles angesichts abnehmender Stigmatisierung heute kontinuierlich ansteigt, weisen Studien immer noch nach: Verheiratete fühlen sich ihr Leben lang glücklicher als Singles, unverheiratete Paare und Geschiedene. Wenn das kein Argument für die Ehe ist!

Gleichzeitig ist zu beachten: Offensichtlich ist die Institution Ehe für Männer nicht so bedeutsam wie für Frauen. Eine englische Studie fand heraus, dass Männer am glücklichsten sind, wenn sie zwar immer eine feste Partnerin haben, aber nie heiraten. Für Männer ist es demnach das Beste, wenn sie serienmonogam sind, das heißt: Sie sind stets in festen Händen, wechseln aber ihre Partnerin alle paar Jahre und heiraten nie. Das Modell von Hugh Grant in »Vier Hochzeiten und ein Todesfall« scheint demnach das männliche Glücksmodell zu sein. Zudem hat die Ehe für Männer oft einen gewissen Beigeschmack: Wer heiratet, verliert endgültig seine Freiheit. Aus ist's mit der jugendlichen Unbeschwertheit, dem Herumstreunen und Jagen. Eine Befragung des BAT-Freizeitforschungsinstituts ergab: 43 Prozent der Männer im Alter zwischen 18 und 39 Jahren sagen, dass ihnen Freizeit und Reisen wichtiger sind als Heirat und Familiengründung.

Die Ehe ist folglich nichts, worüber in Männerrunden prahlend berichtet würde. Wenn ein Mann unter die Haube kommt, erntet er nicht selten die süffisant mitleidigen Blicke seiner ungebundenen Single-Freunde. Für Frauen hingegen ist der funkelnde Verlobungsring am Finger eher ein kleiner Triumph – »seht her, Mädels, ich hab's geschafft!« ist die Botschaft, und die neidischen Blicke aller unverheirateten Freundinnen sind garantiert.

Die Institution Ehe hat für Männer also keine so große symbolische Bedeutung wie für Frauen. Daraus ergibt sich: Die Ehe steht auf der Prioritätenliste der Männer nicht an erster Stelle. Der durchschnittliche deutsche Mann heiratet mit dreiunddreißig Jahren. Vorher gibt es andere Themen, die sein Leben bestimmen. Ein dreißigjähriger Durchschnittsmann hat unter Umständen noch nie einen Gedanken ans Heiraten verschwendet, während seine Freundin von einer Hochzeit in Weiß träumt, seit sie ein kleines Mädchen ist. Daraus ergibt sich eine ganz einfache Schlussfolgerung: Wer als Frau heiraten will, kommt oft nicht darum herum, das Thema selbst aktiv anzugehen! Anders ausgedrückt: Frauen, die sich darauf verlassen, dass ihr Freund von selbst mit dem Thema Hochzeit um die Ecke kommt, warten unter Umständen vergeblich!

Grundsätzlich ist zu beachten, dass Männer in der Regel aus vier Gründen heiraten. Vier Voraussetzungen, die alle erfüllt sein müssen, bevor Ihr Freund sich auf den Weg macht, um Ihnen einen Verlobungsring zu besorgen:

· Er fühlt sich bereit zum Heiraten. In den meisten Fällen setzt das voraus, dass er finanziell unabhängig und beruflich etabliert ist.

· Er merkt, dass Sie ihn aufrichtig lieben.

· Sie sind eine Königin für ihn und das Beste, was ihm passieren konnte.

· Er weiß, dass eine Hochzeit für Sie wichtig ist.

Wenn Sie Ihren Mann fürs Leben gefunden haben und sich wünschen, mit ihm eines Tages vor dem Altar zu stehen, empfehle ich Ihnen die folgende Vorgehensweise:
    Während Ihres ersten gemeinsamen Jahres sind die Themen Hochzeit, Ehe und Kinder absolutes Tabu! Sie soll-

ten nicht auf die Idee kommen, diese Themen von sich aus aktiv auf den Tisch zu bringen. Ihr Partner darf auf keinen Fall das Gefühl haben, dass Sie auf das Läuten der Hochzeitsglocken warten. Schließlich befinden Sie sich in einer Testphase. Im ersten Jahr geht es darum, eine unbeschwerte, gute Zeit miteinander zu verbringen und zu testen, ob man wirklich zusammenpasst. Im ersten Jahr gilt es festzustellen, ob sich zwischen Ihnen so etwas wie Liebe entwickelt. Hat Ihr Zusammensein das Zeug, ein Leben lang zu halten? Überstehen Sie gemeinsam auch mal Tiefpunkte und Krisen? Ertragen und schätzen Sie sich trotz Ecken und Kanten, Schwächen und Macken? Um das herauszufinden braucht man mindestens ein Jahr. Nicht nur Sie wollen Ihren Partner testen, sondern auch er Sie!

Nichtsdestotrotz sollten Sie das Thema Hochzeit bereits jetzt im Hinterkopf behalten. Ohne das Thema Heiraten direkt anzusprechen, können Sie auf indirektem Wege deutlich machen, dass Heiraten für Sie zum Leben gehört. Zum Beispiel so: Sie besuchen zusammen mit Ihrem Freund die Hochzeit Ihrer besten Freundin. Sie erzählen davon, wie Ihre Eltern sich kennengelernt haben und wie Ihr Vater um die Hand Ihrer Mutter angehalten hat. Sie berichten von Ihrem Kollegen, der kürzlich geheiratet hat. Auf diese Weise machen Sie deutlich, dass Heiraten für Sie normal und selbstverständlich ist. Gleichzeitig lässt sich dabei herausfinden, wie Ihr Freund auf das Thema reagiert. Ist Heiraten für ihn ebenfalls normal, oder zuckt er allein bei dem Gedanken daran verschreckt zusammen? Ist die Ehe für ihn vielleicht ein absolutes Unding, ist er vielleicht ein Scheidungskind und hält die Ehe für den Anfang vom Ende?

Sollte Ihr Freund bereits während Ihres ersten gemeinsamen Jahres deutlich machen, dass er die Ehe für überholt und absolut überflüssig hält, haben Sie ein Problem. Mit dieser Feststellung sind Sie quasi vorgewarnt. Darauf zu vertrauen, dass er seine Meinung irgendwann ändern wird, ist sehr riskant. Auch wenn Sie eine wunderbare Beziehung führen, Sie können ihm später keine Vorwürfe machen, wenn er Sie nicht heiratet. In so einem Fall ist es sinnvoll, das Thema Hochzeit bereits jetzt zu besprechen. Machen Sie deutlich, dass Heiraten Teil Ihres Lebensplanes ist. Ihm muss klar sein, dass für Sie eine Beziehung nur sinnvoll ist, wenn sie irgendwann zur Ehe führt. Falls Ihr Freund dies kategorisch ausschließt, schauen Sie sich nach einem anderen um, wenn Heiraten für Sie wichtig ist.

Nehmen wir an, Ihre Beziehung läuft gut, und es haben sich keine Anzeichen dafür ergeben, dass Ihr Freund dem Thema Heiraten grundsätzlich negativ gegenüber steht. Sie fühlen sich wohl mit ihm und können sich gut vorstellen, eines Tages seine Frau zu werden. Die Testphase, in der man sich geprüft und kennengelernt hat, ist nach ein bis zwei gemeinsamen Jahren abgeschlossen. Man weiß nun, mit wem man es zu tun hat, und der Alltag kehrt ein. Worum geht es jetzt?

In einer großen amerikanischen Untersuchung wurde folgende Beobachtung gemacht: Wenn ein Mann innerhalb der ersten zweiundzwanzig Monate seiner Freundin keinen Heiratsantrag macht, fängt die Wahrscheinlichkeit, dass er es noch tut, an abzunehmen. Und die zweite wichtige Feststellung: Über siebzig Prozent der befragten Frauen, die vom Standesamt kamen, gaben an, dass sie ihren Wunsch zu heiraten selbst angesprochen hatten.

Frauen, die geheiratet werden, bestehen darauf, zu heiraten! Das bedeutet nicht notwendigerweise, dass sie ihren Mann dazu drängen. Sie sprechen vielmehr das Thema Hochzeit selbst aktiv an und machen deutlich, dass Heiraten für sie notwendig ist, um glücklich zu werden.

Warum ist es nun so wichtig, das Thema Ehe bereits vor Ende des zweiten Beziehungsjahres anzuschneiden? Ganz einfach: Es ist wichtig zu wissen, wo man steht! Schließlich ist Heiraten Teil Ihres Lebenskonzepts, und daher möchten Sie Ihre besten Jahre nicht mit einem Mann verbringen, der für diesen Plan gar nicht zu haben ist. Zudem befinden Sie sich jetzt noch in der Phase der Verliebtheit. Nach ein bis zwei Jahren findet diese Phase jedoch langsam ein Ende. Der Alltag kehrt ein, Routine hält Einzug, und der Rausch der Hormone kommt zur Ruhe. Nicht selten nehmen alltägliche Sorgen den Platz ein, der vorher für Romantik und Gefühle reserviert war. Keine Frage, eine Hochzeit können Sie Ihrem Liebsten am besten vorher schmackhaft machen, nämlich dann, wenn noch ein paar Schmetterlinge in seinem Bauch kreisen!

Außerdem gibt es nach Ablauf von zwei Jahren eigentlich keinen Grund mehr, das Thema Heiraten weiter aufzuschieben. Die Testphase ist vorbei. Wenn Ihr Freund in Ihnen jetzt nicht das Potenzial sieht, seine Partnerin fürs Leben zu werden, warum sollte er es später tun? Falls er doch Gründe hat, den letzten, verbindlichen Schritt hinauszuzögern, sind Sie gut beraten, wenn Sie diese Gründe kennen!

Klar ist: Für einen Mann ist das unverheiratete Zusammensein bequem. Er genießt alle Vorteile einer Beziehung, ohne dabei die geringsten Verpflichtungen einzugehen. Er hat eine liebe Partnerin an seiner Seite, könnte aber im Grunde jederzeit seine Koffer packen, ohne Konsequenzen fürchten zu müssen. Auch er wird sich spätestens nach zwei gemeinsamen Jahren mit Ihnen fragen: Warum spricht sie eigentlich nicht von Hochzeit? Will sie vielleicht gar nicht heiraten? Offensichtlich ist ihr eine Hochzeit nicht so wichtig? Vielleicht merkt Ihr Freund aber auch, dass Sie zwar gerne heiraten würden, sich aber nicht trauen, das Thema selbst anzusprechen. Das wäre fatal, denn er verliert dadurch den Respekt vor Ihnen. Sie sind nicht in der Lage, Ihre Wünsche zu äußern, halten an einer Beziehung fest, die offensichtlich zu nichts Verbindlichem führt? Warum lassen Sie das mit sich machen?

Um diese Situation zu vermeiden, sollten Sie vor Ende des zweiten Beziehungsjahres das Thema Hochzeit selbst ansprechen. Wie Sie es anstellen, bleibt Ihnen überlassen, aber sagen Sie Ihrem Freund unmissverständlich, dass Sie gerne heiraten würden, und fragen Sie ihn, wie er über dieses Thema denkt. Stellen Sie sich darauf ein, dass Ihr Freund erst mal völlig überrumpelt ist. Wie bereits erwähnt, haben Männer anderes im Kopf als über das Heiraten nachzudenken. Es ist unter Umständen also nicht gelogen, wenn er Ihnen antwortet, dass er noch nie über dieses Thema nachgedacht hat. Auch wenn er das Thema bereits auf der Agenda hatte und schon überlegt, wie er Ihnen einen Antrag machen könnte, wird er mit ziemlicher Sicherheit herumdrucksen. Schließlich wäre es sehr unmännlich, auf die Frage »Findest du nicht, wir könnten heiraten?« mit »Ja klar, sofort, Schatz« zu antworten.

Nachdem Sie das böse Wort Heiraten nun erstmals ausgesprochen und klar gemacht haben, dass Sie erwarten, dass Ihre Beziehung zu einer Ehe führt, sollten Sie zunächst abwarten. Lassen Sie ein paar Wochen oder Monate ins Land gehen. Wenn Sie merken, dass Ihr Freund keine Absicht hat, Ihnen einen Antrag zu machen, müssen Sie den Faden wieder aufnehmen. Wählen Sie einen Zeitpunkt, zu dem Sie sich stark genug fühlen, das Thema Heiraten möglichst sachlich und ruhig zu diskutieren. Männer haben Respekt vor Frauen, die klare Prinzipien für ihr Leben haben, und wissen, was sie von ihrem Leben erwarten.

Hier ein paar Ideen, wie Sie Ihr Anliegen verpacken können:

- Wir sind jetzt schon zwei Jahre zusammen. Ich bin mir sicher, dass ich dich liebe, aber ich habe das Gefühl, dass unsere Beziehung für dich nicht den gleichen Wert hat wie für mich...

- Ich liebe dich und würde gerne mein Leben mit dir verbringen, aber ich bin mir nicht sicher, ob du das auch mit mir willst...

- Ich liebe dich, aber meine Vorstellung vom Leben beinhaltet Ehe und Kinder, ich bin mir nicht sicher, ob du das Gleiche willst...

Tenor Ihrer Ausführungen sollte in jedem Fall sein, dass Ihnen sehr viel an ihm liegt. Vielleicht haben Sie es noch nie vorher ausgesprochen, nun ist ein guter Zeitpunkt, das große Wort »Liebe« zu verwenden. Und zweitens muss deutlich werden, dass Sie heiraten wollen, um glücklich zu sein. Heiraten ist Teil Ihres Lebenskonzepts, Heiraten ist für Sie wichtig, um glücklich sein zu können.

Spätestens nach diesem zweiten Gespräch werden Sie wissen, wo Sie stehen. Wenn Ihr Freund nicht bereit ist, Sie zu heiraten, wird er es Ihnen höchstwahrscheinlich jetzt mitteilen. Oder aber er wird sich mit fadenscheinigen Aussagen aus der Affäre ziehen. Wenn er sagt, er »sei noch nicht soweit« oder »Heiraten ist nichts für mich«, sollten Sie genau nachfragen, was seine Gründe sind und beachten: Es gibt sie, die Hugh Grants dieser Welt, Männer, die von einer langjährigen Beziehung in die nächste wechseln, ohne sich dabei jemals verbindlich festzulegen. Die Zahl dieser Männer nimmt zu. Schließlich ist ihr Konzept ein sehr angenehmes: Sie genießen die Freiheiten eines Junggesellen, verbunden mit den Annehmlichkeiten einer Beziehung. Vergnügen ohne Pflichten und stets die Möglichkeit, das Weite zu suchen. Das Fatale ist, viele Frauen verbringen ihre besten Jahre mit Männern dieser Art – ohne sich über deren Einstellung überhaupt im Klaren zu sein! Sie denken sich: »Irgendwann wird er mich schon heiraten, wir sind ja schon so lange zusammen«. Eine sehr naive Vermutung! Wer mit einem Mann der Sorte Hugh Grant sein Leben verbringen will, und das als Ehefrau, muss diesen Wunsch rechtzeitig (d. h. innerhalb der ersten beiden Jahre) und deutlich kommunizieren! Mit einer Antwort im Stil von »Ich bin noch nicht soweit«, dürfen Sie sich unter keinen Umständen abspeisen lassen! Setzen Sie Ihrem Hugh Grant eine zeitliche Frist. Legen Sie sachlich und bestimmt dar, warum ein unverbindliches Zusammenleben für Sie nicht in Frage kommt. Sonst ergeht es Ihnen wie Ihren Vorgängerinnen, die bereits wertvolle Jahre mit diesem Mann verschwendet haben! Manche Männer muss man einfach zu ihrem Glück zwingen. Sie wissen ja, Männer mögen Frauen mit Plan und Prinzip. Wenn Ihr Hugh Grant Sie liebt, wird er sich erweichen lassen. Falls nicht, seien Sie froh, dass Sie ihn los sind. Irgendwann hätte er das Weite gesucht, spätestens dann, wenn sich eine bessere Option für ihn ergeben hätte.

Was ist zu tun, wenn Ihr Freund zwar kein Mann der Sorte Hugh Grant ist, aber auch bei ihm alles darauf hindeutet, dass er das Thema Hochzeit möglichst weit von sich wegschieben will? Wenn Sie nicht soweit gehen wollen, ihm eine Frist zu setzen, müssen Sie seine Meinung wohl oder übel erst mal akzeptieren. Was jetzt helfen kann, ist, auf Ihre Art Konsequenzen zu ziehen. Sie haben verstanden, was er Ihnen gesagt hat. Sie sind traurig und enttäuscht. Ist diese Beziehung überhaupt noch sinnvoll? Sie fangen an, sich rar zu machen. Abends kommen Sie später nach Hause als üblich. Am nächsten Wochenende fliegen Sie zu einer Freundin nach London, statt mit ihm seine Eltern zu besuchen. Sprechen Sie das Thema Hochzeit nicht mehr an. Sie haben verstanden. Sie haben verstanden, dass er nicht bereit ist, sich ganz für Sie zu entscheiden. Sie nehmen es zur Kenntnis. Ein wohldosierter, subtiler, aber dennoch spürbarer emotionaler Rückzug kann sehr wirksam sein. Ihr Freund wird sich Ihren Wunsch zu heiraten, noch mal sehr genau durch den Kopf gehen lassen.

Natürlich ist das alles nur das Worst-case-Szenario. Viel wahrscheinlicher ist es, dass alles gut läuft und Ihr Liebster wie erhofft um Ihre Hand anhält. Schließlich sind Sie seine Königin. Ob er von allein auf die Idee kommt oder ob er einen kleinen Anschub von Ihnen braucht – Sie müssen es selbst herausfinden.

Zehn Regeln für die Suche nach Mister Right

Das Basiswissen

Wer die Liebe vom Ballast ihrer romantischen Verklärungen befreit, ist auf dem besten Weg ins Glück.

Wecke die Königin in dir!

Königinnen haben die besten Chancen, eines Tages einem wundervollen Mann ins Ohr zu hauchen: »Ja, ich will.«

Die ersten Dates

Losgelöstheit ist das entscheidende Erfolgsgeheimnis! Was genau bedeutet das? Es heißt frei von allen Ängsten und Beschränkungen zu sein. Losgelöstheit bedeutet, sich selbst zu genügen und sich selbst als den Mittelpunkt der Welt zu betrachten.

Die feste Beziehung

Die wichtigste Voraussetzung für eine lange, glückliche Beziehung ist, dass wir die Entscheidungsfreiheit über unser Leben in der Hand behalten.

Das Daisy-Prinzip

Der Grund dafür, warum ein Mann bei uns bleibt, ist das, was noch von uns zu erwarten ist. Die Versprechungen für die Zukunft, die wir ausstrahlen.

Der richtige Mann

Eine erfolgreiche Ehe ist ein lebenslanges Projekt, gekennzeichnet durch Rücksichtnahme, Lebensklugheit und Vertrauen. Erfolgreiche Paare gehen pragmatisch mit ihren Erwartungen um – sie kennen die oft ganz rationalen Gründe für ihr Glück und im besten Fall auch das Geheimnis der wahren Liebe.

Der Frosch ist ein Prinz

Es gibt sie, die Liebe auf den zweiten oder dritten Blick! Und: Nicht selten ist es ein Frosch, der sich als Mann fürs Leben entpuppt.

Das Dornröschen-Dilemma

Und es gibt sie doch, die Männer, die erfolgreiche Frauen sexy finden! Viele Karriere-Frauen haben Mann und Kind zu Hause. Aber wie haben sie das geschafft? Diese Frauen haben ihr Ziel, den Mann fürs Leben zu finden, nie aus den Augen verloren und vor allem früh mit der Suche nach Mr. Right begonnen.

Gelegenheit macht Liebe

Enttäuschungen sind bei der Suche nach Mr. Right unvermeidbar. Frauen, die geheiratet werden, lassen sich von Fehlschlägen in der Liebe nicht unterkriegen. Denn sie wissen, dass die Liebe ein Spiel ist, bei dem man mal verliert und mal gewinnt.

Erklimme den Altar!

Spätestens am Ende des zweiten gemeinsamen Jahres sollte Mr. Right einen Antrag gemacht haben. Falls nicht, ist es höchste Zeit, das Thema selbst auf den Tisch zu bringen!